国与国的交往，党与党的交往，其实也是人与人之间的交往。人与人的交往，有时也可以提升到党与党的交往和国与国的交往。

每一次与他人的重要交往，都是一次神圣的外交。良好的外交，会给我们带来更好的生存环境，更好的发展空间，更好的生活状态，更好的精神享受。

# 外交心语

李北海／著

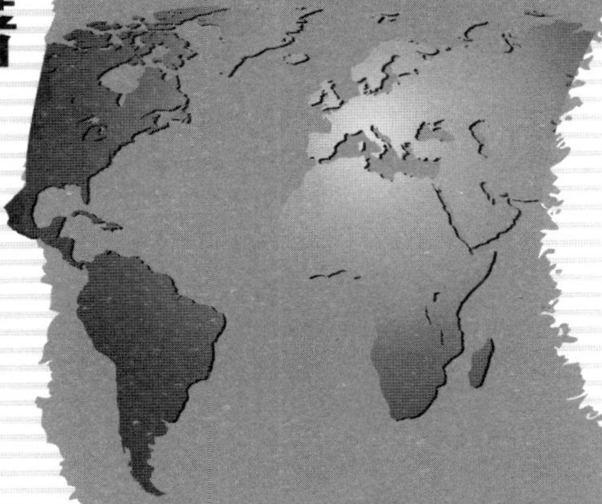

当代世界出版社

**图书在版编目（CIP）数据**

外交心语 / 李北海著．—北京：当代世界出版社，2011.1

ISBN 978-7-5090-0691-7

Ⅰ．外…　Ⅱ．李…　Ⅲ．外交—中国—现代—文集　Ⅳ．D82-53

中国版本图书馆 CIP 数据核字（2010）第 220886 号

---

**书　　名：**外交心语
**出版发行：**当代世界出版社
**地　　址：**北京市复兴路 4 号（100860）
**网　　址：**http://www.worldpress.com.cn
**编务电话：**（010）83908400
**发行电话：**（010）83908410（传真）
（010）83908408
（010）83908409
（010）83908423（邮购）
**经　　销：**新华书店
**印　　刷：**北京才智印刷厂
**开　　本：**700×1000 毫米　1/16
**印　　张：**13.5
**字　　数：**148 千字
**彩色配图：**47 幅
**版　　次：**2011 年 1 月第 1 版
**印　　次：**2011 年 1 月第 1 次
**书　　号：**ISBN 978-7-5090-0691-7
**定　　价：**36.00 元

---

# 外交心语

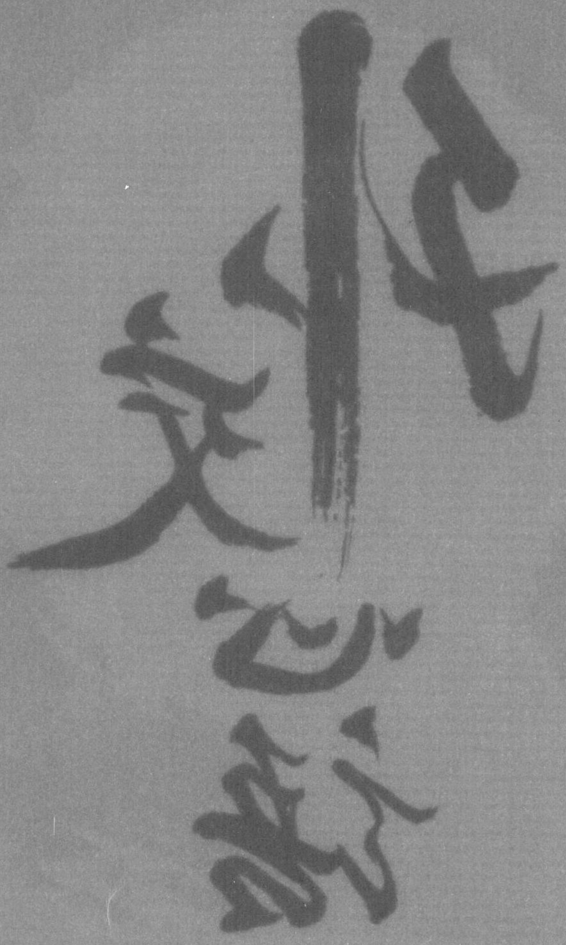

政党之间的交往其实
也是人与人之间的交往
与人交友　贵在交心

賀北海同志对外交心语出版

王家瑞
二〇一〇年十月

王家瑞　中共中央对外联络部部长

祝贺《外交心语》出版

拉丁美洲政党工作一个亮點是廣交朋友並深交了一批全天候的友人為促進國家関係和人民友好改善國際處境積累了寶貴经验

朱良

朱良　中共中央对外联络部部长（任期1985.12~1993.3）

喜贺北海同志《外交心语》出版

立足本职　热爱拉美

深入思考　见解独到

李淑铮

二〇一〇年十一月十二日

李淑铮　中共中央对外联络部部长（任期1993.3~1997.8）

# 序 言

谨以此书献给中共中央对外联络部建部60周年！

政党外交蓬勃发展，好似百花齐放的春天花园，中联部人就是辛勤的园丁。政党外交好似硕果累累的秋收大地，中联部人就是喜悦的收获队伍。我要讲的故事，不过是春天落英缤纷中的零星繁花，是秋收后散落大地的颗颗麦穗。散落的繁花和麦穗，虽然只是星星点点，但是透过她们，人们仍可看到春的绚丽和秋的丰硕。我愿和所有的人分享春天的美丽和秋天的高洁。

谨以此书献给所有政党外交工作者！

政党外交工作者是一支非常优秀的团队。我是他们中的一员。感谢中联部历任和现任部长和所有部领导，感谢中联部各单位各部门全体同志，是他们的指导、帮助、协作，使我能做成一些有益的事情。我对他们，将永远怀着一颗感恩之心。

谨以此书献给我在国内外特别在拉丁美洲的所有朋友！

政党外交其实就是播种友谊。友谊是一个不分国界的海洋，是无边无际的友谊之海，通向世界任何遥远的地方。友谊之海有着太多感人的故事，永远令人怀念。有了朋友，人生才不会感到寂寞。我将永远铭记所有朋友，铭记他们中的每一个人。

我以友爱之心拥抱人生，拥抱我的祖国，拥抱拉丁美洲，拥抱世界，拥抱我所有的朋友。

# 目　录

## 朋友永远交不完 / 11

做人一生，尤其外交工作者，大约三分做事，七分做人。“做事”，就是吃饭睡觉为了活着；“做人”，其实就是人一生都在与人打交道。也就是你以什么样的态度活着，你以什么样的态度与人交往和沟通。你的这种态度将决定你在这个人的社会里最终所拥有的受人尊敬和拥戴的程度。

## 关于宗教和信仰的对话 / 16

宗教本是为了促进人类在心灵层面上向着更美好的方向迈进。但是因为人类自身的局限，总会因为信仰的不同而产生种种分歧，信教与不信教也常常产生心理的隔阂。大到国家和政党之间，小到家庭和个人之间。但其实，我们可以自如地穿梭在各种宗教里，与有不同信仰的人们融洽地交谈，只要你具有足够的智慧。信教与不信教也可以进行心灵的对话，充分展示自己的才能和胸怀的优势。

## 一生的友谊 / 24

与人相交，不但要交心，更要懂得学习。相互为学，去学习对方身上的优点；相互为师，帮助对方做一个品性美好的人。如此，友人相处，才会使自己得以不断提升，才会有更多的充实与欢愉。这样的朋友，无论相隔多远，始终感念铭记。

## 感动一座城 / 32

长长的人生旅途中，尤其在外交生涯中，我们会遇到各种各样的朋友。那些有缘来到我们身边的，无论他是胖的还是瘦的，是高的还是矮的，是富的还是穷的，特别是后者即相对的弱者，我们都

## 情深虑远 / 64

人生得一知己足矣！国家关系和党的关系也是这样。知己朋友与你心灵相通，他考虑的往往正是你关心的事情。也许你的朋友所提醒的不测最终真的变成了现实，但因为曾经有人这样真诚善意地提醒过，所以当那个意外真的来临，你依然可以坦然地接受。即使斯人已去，你也一样会深深感恩。对于个体的人如此，对于国际的交往也类似。

## 一如既往 / 72

与朋友交，最令人难过的是看到朋友受到伤害，而自己牵连其中，又无力相助。最令人感动的是无论发生了什么，当误会消除，朋友对你的信任依然一如既往。友谊的培植需要漫长的时间，而友谊的伤害往往只需一时一事。切忌伤害你的朋友，如果误伤，要设法以坦诚的方式说明真相，抚慰朋友的伤痛，以恢复并保持来之不易的友谊。

# ·卷二·

外交活动中，可以随时使人面临不可预知的环境，一旦应对得当，会收获意外的喜悦，感受外交工作的丰富多彩。本卷所列杂文佚事，是作者在不同文明的碰撞中的一些有趣经历。

## 如何向外国人解说中国 / 81

如何向外国人解说中国？这是外交工作者每天要面对的挑战。对外国人最关心的问题，我们要直接面对，不要简单应付，要选好切入点，以西方人易于接受的方式，动之以情，晓之以理，使他们信服。

## ·卷三·

政党外交环境宽松，渠道灵活，可通过广泛交流，传播中国文化，吸取对方的优秀文化成果。本章所列各篇，是作者将国外好的经验，借助各种机会向国内介绍，促进我国和谐社会建设。

己的文化和内涵，我们才能真正成为被世界所尊敬、被世人所认可的国家和个人。

## 戏中看戏 / 164

保持本色，在保持本色的前提下，充分地展示自己，会使你受到所有人的喜爱。

## 关于吃的文明 / 169

古有君子之交淡如水。高雅的友朋相见，也不过是清茶一杯。大摆宴席固然盛情，但有时食物其实并不是最重要的。得体的环境和丰富的文化内涵，倒更能令人久久回味。而且万物皆有灵性，如何与各种生灵打交道，也是人类亟需弥补的课程。

## 文明的一面镜子 / 175

我们看一个人是否文明，可以看他是否始终保持自己内心和外表的洁净，这既是自身涵养的一种体现，也表现了对他人的一种尊重。只有尊重自己也尊重他人的人，才会有高朋满座，贵客盈门。

我们看一个城市是否文明，可以看城市里的公共卫生设施是否完备良好。风景最好的城市，若公共卫生跟不上，注定会使人们望而却步。

## 强国必由之路 / 180

世界的启示：光一部分人和一部分地区富起来，不会是一个真正的强国。只有大家都富起来，才会成就一个富有希望的民族和发展壮大一个强盛的国家。

# 外交心語

## 卷一

政党外交，主要就是交朋友，使我国同世界各国的关系保持稳定，为国内和平建设创造一个有利的国际环境。交友如浇花，浇花浇在根上，交友交在心上。中国交友文化有着无比的魅力和丰富多彩的内涵。

# 不一样的卡斯特罗

不要凭你听到的评论去评论一个人，不要带着别人给你的偏见去与人交往。在你与他交往之前，他于你而言是全新的。因为不同的你，将遇见一个不同的他。

中古两党关系的恢复和重建，带来两党高层的频繁往来。在这一来一往中，我有机会多次见到传奇式的英雄人物卡斯特罗。他在古巴这个处在世界头号强权大国美国鼻子底下的弹丸小国，稳坐元首宝座长达50年，美国换了11任总统，每届总统无一不是想把他整掉，但是不论怎么打怎么压，他始终昂首挺立，巍然不动。这本身就是一个奇迹！有人说，他语言犀利，气势恢弘，是一位高谈阔论，居高临下的人物。但是，当我同他零距离接触时，第一感觉与原来的想象相距甚远，我看到的卡斯特罗，是一位细心、和蔼、诙谐、平易近人的人。

卡斯特罗在酒会上，轻扶着我的肩膀问道："你老家是什么地方？""武汉！""好像在中国的中部吧？""是的，九省通衢，四通八达。""哦，好地方！"

## 一

我第一次见到卡斯特罗是1991年9月，作为代表团秘书长，我陪同中共中央政治局委员、四川省委书记杨汝岱访问古巴。在欢迎晚宴上，卡斯特罗弯下高大的身材，微笑着同每一个代表团成员握手时，都正视对方，眼神亲切。他招呼大家就坐后，自己才坐下，端起酒杯开始说话。他说感谢杨汝岱来到古巴，使他有机会到使馆喝酒，他叫服务员把酒瓶放在他面前，说这样喝起来方便，他还特意检查商标，说这是正宗的中国桂花酒，他最喜欢，就是喝的机会太少。

他的话语使整个宴会厅发出阵阵笑声。我见他自斟自饮，边吃边说，他声音不大，略带嘶哑，但思路敏捷，问题一个接着一个。杨汝岱是有名的“草鞋书记”，跑遍了四川农村，对四川的情况如数家珍。两人一见，真是话逢知己千言少。午夜已过，到了次日凌晨一点多钟，两人交谈5个小时没有休息，兴致不减反增。

直至礼宾官提醒，卡斯特罗方才起身，神情振奋地说：中国了不起，四川了不起！他还诙谐地对古方参加者讲，你们看，这就是中国的政治局委员，古巴要是有一个杨汝岱，我们所有的问题就解决了。他又指示安排杨汝岱到地方参观时，各地多听听杨对古巴农业发展的意见，他还表示将要派更多的人到中国学习，了解中国的经验。

临别时，他同代表团照相。他看到四周站着许多使馆工作人员，便主动招手叫他们过来照相，大家欢欢喜喜围拢过来，像过节一样高兴。

## 二

1994年6月我陪同中共中央政治局委员、上海市委书记吴邦国访问古巴，再次见到卡斯特罗。这次与上次不同，不仅换了场地，而且先后会见了两场。第一场是在古巴国务委员会办公楼的会见，第二场是他出席中国驻古巴大使为我们举行的欢迎宴会上。两场对话共计5小时20分钟，可以说那是他对上海改革开放的一次"问卷式"考察。

对话从吴邦国送给他的礼物开始，那是一架上海最新生产的摄像机，卡斯特罗接过去，放在眼睛前试了试说："上海生产的这玩意儿太先进，里面什么也看不见！"上海的同志笑着帮他打开了镜头盖，他说："这机器只听上海人的指挥，现在我开始摄像了！"他拿镜头对着大家扫去，大家哈哈大笑。接着他翻开吴邦国送的上海画册，惊问这就是上海吗？他指着一栋又一栋的高楼大厦，问是什么时候建的，是做什么用的？吴邦国反应敏捷，即问即答，能说出每栋高楼的来历，对话很快启动，主要话题围绕上海的改革开放迅速展开。

卡斯特罗神情贯注，兴趣浓厚，涉及的领域十分广泛。加上他的思路活跃，问题并没有严格的顺序，而是互相穿插，前后交叉，同对方一问一答，保持短促互动。吴邦国既熟悉政策，又懂经济和技术，回答简明扼要，如行云流水一般，常常举一反三，有血有肉，将方针政策融入具体事例之中。卡听了频频点头，表示满意，说中国的成功在世界上是独一无二的，这一切都是中国革命和社会主义建设的伟大成果，他对中国和上海的成就感到鼓舞，称赞吴邦国带他神游了上海，使他成为上海问题专家。他指示陪同的古巴领导人，要将中国和上海的做法一一认真研究，他自己也要进一步研究中国经验。

吴邦国同卡斯特罗对话后，感慨地说：卡斯特罗的脑子真好，这是我陪他在哈瓦那革命广场散步，后面大楼有巨幅格瓦拉画像。

卡斯特罗离开中国使馆时，又是次日凌晨一点多钟。我们送他离去时，看他上车已有一些困难，他仍然热情地不断向我们挥手。

## 三

我第三次在古巴见到卡斯特罗，同时见到他的弟弟劳尔·卡斯特罗。卡斯特罗兄弟俩同时出现在同一个场合，这在古巴是极其罕见的，据说他们为了国家的安全利益，内部曾有过专门的规定。

在酒会上，劳尔微笑着走来同代表团成员一一握手，然后向在场的古巴人寒暄问好。酒会的气氛轻松，大家自由组合，有说有笑。这是我第一次见到劳尔，卡斯特罗的秘书费利佩向劳尔介绍我说："这位是中国的阿鲁菲，他多次来过古巴。"阿鲁菲是古巴党中央国际关系总部副部长，主管对华关系。我说："第一次见到劳尔同志很高兴，久仰大名了！"劳尔严肃地对我说："你犯了错误，知道吗？"我笑着回答："我这个人经常犯错误，不知这次犯的什么错误？"他说："你来古巴不见我，你以前对古巴的访问统统不算数！"随即招呼记者和我一起照相，我们几人都哈哈大笑。

在宴会中，大家边喝边吃边聊，开始还分得出主人和主宾，后来渐渐松散，互相交头接耳，以致笑话连篇。这样的宽松气氛是卡氏兄弟带的头。

当时的哈瓦那市委书记拉索，对中国朋友非常热情，笑话就是从他开始的。

卡斯特罗说："你们看，中国强大了，拉索同中国套近乎。"

劳尔接着说："拉索可厉害啦！他到处施压，中央的部长都是他的老部下，谁敢不给他钱？"

拉索笑着反驳道："所有的部长都向我施压，他们知道我穷，有求于他们。”

卡斯特罗说：“上面怕拉索，下面喜欢拉索，所以古巴很稳定；如果古巴不稳，肯定是拉索制造的。”

劳尔变换了方向，直指卡斯特罗，他说：“当年巴蒂斯塔犯了一个历史性的大错误，赦免了菲德尔（卡斯特罗）。”

卡斯特罗反驳道：“你倒好，在牢里尽睡觉！”

劳尔说：“当年坐牢，你读足了书，看完了《资本论》，我睡足了觉，直到今天都不困。不过，我睡觉不像你看书那样入迷。有一天，电台报道一条消息，说卡斯特罗和劳尔的家失火，全烧光了。卡斯特罗听了，继续看他的书，我从床上跳起来，再也睡不着了。”

费利佩插话道：“历史证明菲德尔（卡斯特罗）是无产阶级感情，劳尔是小资产阶级感情！”

劳尔笑着反驳道：“我认为无产阶级最需要睡觉！”

酒会和宴会进行了近三个小时，笑声不断，始终洋溢着和睦欢乐的气氛。这是令人意想不到的一次聚会。

卡斯特罗右手搭在杨汝岱肩上，左手搭在我肩上，在拍照的那一刻还在同我说话：“喜欢哈瓦那吗?”“非常喜欢。”“最喜欢什么?”“古巴人民。”“哦，谢谢!”

# 朋友永远交不完

做人一生，尤其外交工作者，大约三分做事，七分做人。“做事”，就是吃饭睡觉为了活着；“做人”，其实就是人一生都在与人打交道。也就是你以什么样的态度活着，你以什么样的态度与人交往和沟通。你的这种态度将决定你在这个人的社会里最终所拥有的受人尊敬和拥戴的程度。

胡耀邦总书记曾对张致祥副部长和我非常形象地讲到党的对外工作就是交朋友，朋友越多越好。

有些人听说我在中联部“管拉丁美洲二十年”，就感到很好奇。便问我：二十年您都做了些什么事？

我说二十年我就做了一件事，就是交朋友，为我们党交朋友。

1994年4月胡锦涛首次出访拉丁美洲，他对访问巴西、阿根廷、乌拉圭取得圆满成功感到非常满意。这是我们到机场为他送行。

作为个体的人要交朋友，作为国也同样如此。世界各国的政治游戏，其载体主要是形形色色的党派。今天你上台，明天我上台。我们要想稳定同各国的国家关系，就必须同各色各样的党派打交道，说到底就是交朋友，朋友越多越好，友情越深越好，要做到不论国际国内形势发生什么变化，国家关系能够一直保持稳定。

有记者问我：“您交了多少朋友？”

我告诉他们，拉丁美洲33个国家，经过20多年的工作，这些国家我差不多都走遍了，在我退下领导岗位的时候，拉美有近90

个政党同我党建立了友好关系，几乎涵盖了所有同我国建交的和尚未建交的国家的主要政党，包括执政的、在野的、轮流执政的、信仰不同和意识形态各异的重要政党。当然，这并不是我个人的工作，而是我们党的整个对外工作的一部分。这就是党与党交朋友。

拉丁美洲可以说是个政党博物馆，兼有不同政治制度，不同意识形态，不同经济发展水平的国家的各类政党，而且派系林立，思潮迭起，合纵连横，频繁交替，处于高频率变动状态。我负责拉美工作的那个时期，拉美政党主要有四大系统：

社会民主党：早期同共产主义政党分道扬镳，组成社会党国际。社会党拉美地区组织，是仅次于欧洲的第二大地区组织。

基督教民主党：起源于欧洲，是在天主教会关于社会问题的主张影响下发展起来的，二战后从组织上和活动上同宗教分开，成为独立的政治力量。因为拉美大多数人都信奉天主教，所以这股政治力量有广泛的社会基础。

民族主义政党：就其形成的国际国内背景可分两类。一类是历史悠久的老政党；另一类是由于国内发生某个重大事件或出了某个杰出人物而形成的政党。这些党都是吸取欧美的各种政治思潮，结合本国实际，确立了自己的名称和行动纲领，较多带有民族主义特点，当时我们统称之为民族主义政党。

以上三大系统政党的国内外政策有许多共同点，对外主张独立自主，多元外交；对内主张代议制民主，维护私有制。它们也有一些差别，对外基民党更亲美一些，社民党更亲欧一些；对内基民党以社会中上层为主要基础，社民党以中下层为主要基础。而传统的民族主义政党则更多地表现民族性和民粹性，在特定的历史阶段和特定的人群中有强大的号召力。相当长的时间，拉美各国的政权更迭，主要就在这三大体系政党之间进行。

共产主义政党：在古巴执政，还在少数拉美国家的议会中有少数议席，而在绝大多数拉美国家都处于在野地位，力量削弱，困难很大。拉美曾经是继欧洲之后，共产主义运动最活跃的地区，30年代进入高潮，各国共产党相继成立。在有的国家曾经组织工人、农民和士兵发动起义，试图夺取全国政权，被镇压下去，跌入低潮。50年代和60年代，在古巴革命的影响下，拉美共产主义运动再次出现高潮。后来由于国际共运大论战的影响，发生分裂。随后，拉美各国军人发动政变，大规模镇压共产党和群众运动。再后苏联解体东欧剧变，使拉美共产主义政党第二次跌入低潮。近几年拉美左翼力量崛起，其中也包含某些共产主义政党的恢复性增长，但总体来说仍在摸索中前进。

很多朋友听说拉美有这么多政党，好奇地问："那怎么交朋友呢?"

我告诉他们，我个人的体会是：交朋友就是做人的工作，特别是做领导人和有重要影响的人物的工作。在家靠父母，出门靠朋友，一个人没有朋友是不行的，一个党一个国家没有朋友更不行。

仔细想起来，二十多年真就是人与人的交往。政党之间的交往，其实也就是交朋友。但在与各个政党如何交往的问题上，我想佛家有句话叫作“法无定法”，是很适合用在交朋友上的。因为你所面对的对象有不同的信仰、不同的性格、不同的爱好，不同的学识……所以具体怎么去交往，只能是因人而异，各显神通。但有一点却是在交友上必须要始终如一坚守的，那就是以诚交友，以情动人。

# 关于宗教和信仰的对话

宗教本是为了促进人类在心灵层面上向着更美好的方向迈进。但是因为人类自身的局限，总会因为信仰的不同而产生种种分歧，信教与不信教也常常产生心理的隔阂。大到国家和政党之间，小到家庭和个人之间。但其实，我们可以自如地穿梭在各种宗教里，与有不同信仰的人们融洽地交谈，只要你具有足够的智慧。信教与不信教也可以进行心灵的对话，充分展示自己的才能和胸怀的优势。

政党是不同信仰、不同思潮、不同主张、不同利益人群的结合体。各个政党高层领导都是社会精英，文韬武略，有权有势的人物。同他们交朋友，自己要有宽阔的胸怀，要知己知彼，既坚持自己的信仰，又尊重对方，超越意识形态的差异，求同存异，谋求深层的友谊。

拉丁美洲是世界天主教信徒最多的地区，占人口总数的百分之九十以上。我们信仰的是唯物主义，一般交往可以淡化意识形态问题。但是想要同他们深交，心灵的对话是必不可少的。

委内瑞拉基社党是拉美第一个同中共建立关系的非共产党。卡尔德拉曾是这个党的领袖。1997年6月他再次当选总统后，我见到他，对他当年的远见卓识表示赞赏。他说："我应当感谢你们，是中国给我带来好运！"

我在拉美某国有一位朋友叫图伊，他是虔诚的基督教徒，毕业于神学院，作过神甫，神学造诣颇深。他后来成为一个党的领导人，负责国际关系，同我交往甚多，每次我到他的国家，即使他不在国内，也会赶回同我会面，我有什么困难他一定设法帮助。有一次我率团在中美洲未建交国家访问，由于特殊原因访问中断，下站没有落脚的地方，我紧急同他联系，他当天答应在他的国家安排接待我们。我切身感受到有朋在远方"不亦乐乎！"

图伊和我信仰不同，我们之交得益于推心置腹的对话。我们在80年代初相识，当时一看对方的履历，互相在心理上都有距离，后来逐渐有所了解，直到进入“心灵的交流”，豁然开朗。其中有一次交谈双方兴趣浓厚，相互问答，无所顾忌，至今我还记忆犹新。

他问：你为什么不信教？你家里有人信教吗？

我说：我母亲是虔诚的佛教徒，我记得小的时候，每逢初一、十五，她都要吃斋念佛烧香，为她的子女祈求佛和菩萨的保佑。我父亲更信佛，特别崇拜那位自修成佛的济公活佛，几乎到快要出家当和尚的地步。不过如今他们都已经去世多年了。我不信教，我出生的年代，适逢民族危亡的年代，中国的革命者到全世界寻求救国救民的真理，各种办法都试验过，都不成功。后来有一些人发现马克思主义，用它指导中国革命取得了成功，使马克思主义成为中国社会的主流思想。我是在这种背景下长大的，和我同时代的许多人一样，接受了马克思主义。

他说：马克思主义对拯救社会可能有效，但是能拯救人的灵魂吗？你们唯物主义者是怎么看待死亡和灵魂的呢？

我说：死亡，这是一个客观的存在，如同世界万物一样，人都是会死的。中国有一句美丽的诗，叫做“花开花落两由之”。花的开放和花的败落，都是一种自然现象，应该泰然地对待它。花开，当然值得高兴，但也不必因为花落而悲伤。人的死，就像花的落，也是一种自然现象，我们虽然没有信仰任何宗教，但对于一个深谙自然之道的人而言，都能坦然面对。

至于灵魂，它并不会因为你信仰宗教就有，不信仰宗教就没有。也不会因为你仅仅只是信仰宗教就得救，因为没有信仰宗教就堕落。人的灵魂的得救和堕落实在不是因为宗教，而在于人自身。

他问：唯物主义者有没有属于自己的精神世界？

我说：当然有。他们对于自然世界和人类社会，都以非常乐观的态度进行观察和看待的，他们的精神世界寓于现实世界之中。他们认为，自然世界之美在于物种的多样性，人类社会之美在于文明的多样性。人既是美好的人类社会的一分子，也是美好的自然世界的一部分。人应当珍惜它，爱护它，享受它，它既是你生时的乐土，也是你死后的归宿。仁者乐山，智者乐水，他们的精神生活非常丰富。

他问：你这些奇特的想法是从哪里来的？

我说：在中国古老文化中，有两位老者，距离我们现在大约在两千五百年以上，一位名叫孔子，他就是“乐山派”，因为中国最重要的一句警世名言“登泰山而小天下”就是他提出来的。他登上高大雄伟的泰山，鸟瞰大地，获得了极大的精神快乐和享受。另一位老者名叫老子，他是“乐水派”，上善若水，他最崇尚水。“天人合一”的伟大思想就是他提出来的，我们人类犯的许多错误，他在两千五百多年前就预见到了！

他说：欣赏山和水毕竟还是物质享受，唯物主义者难道就没有精神上的需要吗？

我说：他们也有自己的精神需求。还是以老子为例，中国的道教尊他为教主，实际上道教的产生比他要晚一千五百年左右，那时佛教还没有传入中国，更不用说天主教、基督教。老子其实是个唯物主义者，他最早提出了“天人合一”思想，我们至今还没有研究透，只是开始了解他所讲的就是人和自然界的协调。说明远在宗教产生之前，他的精神境界就非常崇高，在自然中得到精神享受和心灵安慰。我想说明的是，唯物主义者不信宗教，并不反对宗教，唯物主义是一种方法，用它观察自然界，观察人类社会，观察宇宙的一切，包括对各种宗教的观察，他们的精神不是空虚的，而是在进行无限的探索。他们在研究万物的时候，要进行各种各样的讨论，对浩瀚的宇宙、对自然世界或人类社会有任何新的发现、发明，都会感到极大的快乐。

他说：那如何面对死的问题还是没有解决。

我说：对人类来说，最大的困惑就是人死后，有没有灵魂的问题，你们认为有，因此以为人类就解除了最后的痛苦。我认为，这也是其他宗教存在的根本。宗教之所以存在，而且还会继续存在下去，就是因为这个问题没有解决。但是究竟有没有，这要看未来科学的发展，能不能发现真的有天堂。否则，人类的悲哀还会存在下去。从精神上来说，唯物主义者采取现实的态度，对死没有更大的担忧，而是把它看成自然现象，泰然处之，面对必然的死亡，追求比较简单，有的人主张连自己的骨灰都不必保留，撒向大海，回归自然；有的人还主张安乐死，人的死既然是自然现象，到已经不可救药的时候，希望能够安乐地死去。这是一种坦然的精神境界。

他说：你对宗教和死亡的理解很新奇！中国有五种宗教，你认为哪一种宗教更好，哪一种你喜欢，哪一种你不喜欢？你怎么看待这些宗教的不同和它们之间的关系？

我说：我是无神论者，但是我对各种宗教都很尊重。从最简单的自然现象说起。世界上人人都在吃饭，吃饭是不可缺少的，但是吃饭所使用的方式是不同的。据说使用刀叉的包括你们拉美人，大概占世界人口的三分之一，用筷子的包括我们中国，大体上也占人口的三分之一，另有三分之一的人是用手抓饭。三种吃饭方式都是自然形成的，都可以满足自己的需要。我再给你说一个比喻，人类要吃饭，吃是第一需要，谷物种类很多，其中三种是最主要的：一是小麦，原产地在欧洲，养活了欧洲人，推动了欧洲文化发展；二是大米，稻的原产地在亚洲，养育了亚洲文化；你们美洲，在被欧洲人“发现”之前，那里的印第安人主要是吃玉米，美洲是玉米的故乡，孕育了印第安文化。就是说，人们的物质需求，由于不同的条件，不同的地区，产生了不同的谷物，满足了他们的需要。那么宗教呢？宗教既是一种社会现象，也是一种自然现象。天主教、基督教产生于欧洲，佛教产生于亚洲，伊斯兰教产生于西亚北非阿拉伯地区，跟吃饭方式和谷物产区不同一样，不同的宗教产生于不同地区，满足人们的精神需要。现代人们互相沟通方便，所以稻米、麦子、玉米大家可以共享了，吃饭的刀叉、筷子、手抓可以互相交流。这就很难说谁优谁劣，喜欢哪一种，不喜欢哪一种，因为它们产生于不同条件，各有长处，也必然有各自的缺点，这要靠它们自身的不断进步，更加完美。这是我对宗教的看法，我尊重所有宗教，这也是中国政府的政策，各种宗教在中国是平等的，信教与不信教都是自由的。

他说：既然各教如此平等，那为什么天主教、基督教在中国的信众很少，而佛道的信众那么多呢？

我说：请问贵国有多少佛道的信众呢？据我所知，几乎等于零。难道这能说明不同宗教在你们国家是不平等的吗？这就好比吃饭，中国人吃中餐的多，你们吃西餐的多，我们现在也有人喜欢吃西餐的，你们现在也有人喜欢吃中餐的，但是由于国情不同，喜欢吃中餐和喜欢吃西餐的人数总不会完全相等吧！吃饭的人数多少，同中餐西餐平不平等没有关系，只要合人家的口味就行！

图伊听了哈哈大笑，热烈拥抱我说："你的吃饭理论令我十分信服和高兴!"并称我为"亲爱的兄弟"。此后，他还来过中国，每次我们都满足他的要求，安排他独自到教堂做礼拜，愿意同什么人接触请他自便。我们以这种坦诚之心在拉丁美洲结交了许多朋友，图伊是其中的重要一员，他们在各国和各党同中国的交往中处处帮忙，起了积极推动作用，竭尽兄弟情谊。

与图伊的交往，使我深深意识到：如果你想说明你自己的信仰的确是值得别人尊重的，那么就不要去争辩自己的信仰如何优越，你只要尊重对方的信仰，那么他一定也会尊重你的信仰。因为他觉得你真正具有了宽容、平等、博爱与慈悲的品质。

# 一生的友谊

与人相交，不但要交心，更要懂得学习。相互为学，去学习对方身上的优点；相互为师，帮助对方做一个品性美好的人。如此，友人相处，才会使自己得以不断提升，才会有更多的充实与欢愉。这样的朋友，无论相隔多远，始终感念铭记。

我在秘鲁有一位朋友劳尔，他是名门之后。他的舅父曾担任总统，是一个重要政党的领袖。后来劳尔成为这个党的领导人，非常活跃。他为人豪爽大度，上世纪 90 年代来中国时，在完成了政治性交流后，提出希望了解中国文化和中国人的交友之道。他还婉转地问我，说西方对西藏有很多报道，有没有可能到西藏看看？我说中国是一个开放的国家，这些都可以安排。

这样，我们一起去了湖南的张家界，云南的石林、大理、丽江，西藏的拉萨。他一路兴致很浓，边看边问边谈，我们一路和风细雨般地交流。

这是劳尔1991年2月同我畅游亚马孙河。这位秘鲁朋友毕生致力于促进秘中友好，我们曾赠诗相谢，我称赞友谊“天愈长地愈久”，他称赞“人愈久情愈浓”。

劳尔一行到张家界，正好下着蒙蒙细雨，我们登上黄狮寨，看到云雾中山峦叠嶂非常奇特。劳尔说好像在中国画中见到过类似情景，但过去看不大懂，今天感到一点儿意思了。他问我该怎么欣赏中国画？我说，这方面我不擅长，可以讲点个人体会。中国画有多种风格，其中之一是写意，描写意境，表现自然界的高雅、朦胧、忽隐忽现，今天我们看到的就是水墨画写意很典型的大背景，看到了画家对自然界欣赏的心情。写意画具有表达自然之美和画家的艺术感受之美的特性，并传达给读者，共同分享自然之美和人格之美。他听后说，中国画这一次我算是看懂了，也看懂了中国艺术家对自然的观察和他们对自然的心灵感应，他们的恬淡、崇高的艺术境界，也给我极美好的艺术感受，对中国画和中国艺术有了新的认识。

在云南，劳尔一行同少数民族有广泛接触，了解到中国有五十六个民族，共同创造出了丰富多彩的中华文化，大家和睦相处，使他们很受感动。

劳尔同我谈起交友之道，问中国人相处有些什么哲学思想指导？我说，中国文化中关于交友之道，有许多经典。最著名的是孔子，《论语》开宗明义，第一条讲的是“学”和“习”的重要，第二条就是讲交朋友，特别突出“有朋自远方来不亦乐乎！”把朋友交到很远，或者在很远的地方见到了朋友，是人生最大的乐趣。孔子的弟子曾参说，每天必须对三件事进行反省，其中一条就是检查交朋友是不是有过失，有没有犯不诚信的错误。孔子还讲，三人行，必有我师。就是说，交朋友的目的是向朋友学习，譬如通过你们，我们不仅知道许多秘鲁的情况，更重要的是从你们的言语和行动中，我们能增长更多人生的智慧。孔子还讲，见到人家好的，我就学习；见到人家不好的，我要警惕自己不要犯同样的毛病。这就是老师嘛！

他又问，中国老百姓对交朋友持什么态度？我告诉他，中国民间把交朋友也看得很重，民间流传人间有四大喜事，把交朋友同中状元、娶媳妇、生儿子并列，称为“四喜”，而且突出“他乡遇故知”。比如说在秘鲁，我们能遇到朋友，那是人生喜事！还有许多关于交朋友的格言、警句。“一个篱笆三个桩”，“一个好汉三个帮”，说明任何人即使本事再大，也需要朋友帮助。还说“在家靠父母，出外靠朋友”，这些都是至理名言。

他问：中国人交朋友最关心的是什么？我说，是诚信。古代就有“君子之交”，交朋友不以“利”来区分，而以“义”相联系，以相互之间的诚信为基础。有“患难之交”，在困难的时候，在朋友贫困潦倒的时候，还能以诚相见，以义相抚，互不嫌弃。对于不守信义的交友，也有批判，称之为“小人之交”，或“酒肉朋友”。这种“朋友”有利则聚，无利则散，甚至互相倾轧。古人有“近君子远小人”的警告。“近君子”，提醒我们要交那些诚实的、高尚的、重感情、重礼义的朋友，这样的朋友不在意利害的得失，有时相处也就是喝一杯清茶，甚至一杯白水，大家在一起，谈天说地，交流学问，交流感情，相互鼓励支持。“远小人”，就是那些不讲信誉的，只讲索取，见利忘义，落井下石的人是不可深交的。

劳尔听了我这一番话，非常感叹！噢，交朋友原来还有这么多学问！我得好好去读点中国的书，特别是孔子的书！

到了西藏，劳尔感兴趣的是佛教，他说佛教与天主教有许多不同，问了很多关于佛教的事。他问西藏的喇嘛教为什么和中国内地的佛教不同？喇嘛教是同中国内地唯一不同的佛教吗？我向他介绍了佛教传入中国的不同渠道，除了内地汉传佛教外，有从中国西藏传入的藏传佛教，还有从中国云南一带传入的南传佛教。我告诉他，虽然佛教各宗派不同，共同的教义是劝人行善积德，修今生来世，开心明智，自己发现自己本性，脱离六道轮回之苦，达到极乐世界的彼岸。

劳尔表示，西藏的访问是他中国之行的圆满句号，这次中国之旅，使他成了中国文化的爱好者，对中国不仅是看了听了，而且看到了中国文化的精髓，看到了中国人的精神世界。

后来劳尔在秘鲁办起了一所大学。随着中国和秘鲁的交流增多，他想把他的大学办成接纳孔子思想的孔子学院，推动中国文化艺术在秘鲁的传播。

从此，我们个人之间也建立起深厚的友谊。每次我们到秘鲁，他都带我们到他舅舅家做客，我们逐渐成为他家庭的亲密朋友。有一次我们去秘鲁，劳尔正在欧洲出席一个国际会议，在获悉我们到达秘鲁后，会议没有开完，他告假提前回到国内。他说，你们这次来，我一定做一点儿特殊安排，也让你们了解秘鲁文化和一些特别的风光。

他把我们带到秘鲁东北，感受亚马孙森林。那是亚马孙河源头森林中的伊基托市，非常漂亮，正好赶上泼水节，过去我们只知道中国有泼水节，泰国有泼水节，不知道秘鲁也有泼水节。而那里的泼水节非常热闹。市长会见了我们。当时秘鲁选美刚刚结束，他们把选出的美女请来，陪同我们在城市里看泼水节。

1991年2月在秘鲁亚马孙热带雨林中的伊基托市，适逢泼水节，热情的市长请刚刚在选美中胜出的美女陪同我们参加狂欢。她们一直笑着回答我们的问题："当选美女很开心吗?" "那当然!" "竞选美女很难吗?" "很难!" "你们这么漂亮的衣服不怕被水打湿吗?" "湿了才好呢!" "为什么?" "泼水节就得湿透!"

大街小巷，千家万户，人们都在自己家门口，摆上水缸、水桶、水盆，凡是可以盛水的器具都使用上了。不论商店、机关、学校，一概放假过节，同时举行全城狂欢。汽车、摩托车、自行车、行人在路上行走，都是被泼对象，相互之间也可以对泼。我们坐的中巴，将窗子打开，一边行进，一边看泼水，外面的人用盆啊、桶啊、勺啊不断泼水进来，好在是热带不觉寒冷，反感到凉爽。他们的泼水节很有特点，不是集中泼水，而是所到之处都有人泼，所有取水设施全面开放，真正在水难逃，少有漏泼之人。个个衣裳淋淋，人人大笑不已。

晚上，他们带我们到亚马孙森林，这是世界最大的森林，被称为“地球之肺”。世界最大的亚马孙河从中穿过，中下游在巴西，上游包括秘鲁在内的多个国家。整个亚马孙处在热带，雨水丰富，森林茂密。深处的一家旅馆，价格非常昂贵。我们先坐车到一个地方，再乘船向深处前进，下船后又走许多路，才到居住地。森林旅馆是一幢幢矮小的房屋，矮屋的四壁和屋顶全是玻璃制作，外层是网状的钢筋罩，屋里同屋外除了网状隔离，通体透明，感觉和森林零距离。每幢小屋之间相隔几百米，各自为阵。门外只有昏暗的灯光，可以看见脚下的小路。屋里的灯光也有控制，或明或暗，以免惊扰动物。同我们在动物园看到的情形相反，这里每幢独立小屋就是关我们的“笼子”，让动物们成为“观赏”我们的“游客”。关掉主灯后，留下微弱的灯光。我是团长，住的房间最大，而且单独一人，令人兴奋而好奇！慢慢地，各种动物相继出现。森林里蜥蜴很多，有小有大，颜色不同，形状各异，小的如壁虎、蛤蚧一类，大的有半米多长，爬在房顶上嘎嘎作响，钢筋都在发颤，其他动物包括果子狸、猴子都有活动。森林的夜晚，有各种各样的声音。有优美的昆虫声，有吵闹的蛙声，有动物之间悠长的互相呼唤声，各种野兽发出闷雷声、伐木声、儿啼声、吵架声，也有突然的怪叫声令人毛骨悚然。我非常警觉，怕有蟒蛇出没，仔细地查看，虽然屋子都是密封的，但玻璃透明，心里总还是惴惴不安，担心会有漏洞。那一夜我将耳朵放得尖尖的，眼睛睁得大大的。啊，这才知道森林内的生活多么有趣，又多么令人恐怖！如果没有铁网罩，我在里面真是一个小时也难以忍受。

第二天早晨离开那个玻璃房，这才感到自由的生活多么快乐！大家相见都哈哈大笑，谈论着昨晚的不同感受。劳尔为他的安排成功感到格外得意，说上次我到中国收获那么大，今天我让你们也要有所收获，尽到朋友之情。我们为他独到的安排很是叫绝，真是令人终生难忘。他说这就好了，这就是我所希望的！

我去过秘鲁多次，这样精心的安排却是第一次。

后来劳尔当了秘鲁政府部长、副总统，积极推动同中国的关系，特别是在旅游和文化方面的关系。在他公务繁忙的那些岁月，还常常给我来信，对中国的发展和进步充满热情，我也给他回信保持交流。再往后由于国内的政治斗争，他辞去了政府职务，专心从事文化教育事业。

2008年的春天，劳尔再次来到中国，我们相聚，重叙友谊，我把当年的老朋友召在一起，大家非常高兴。他在激动之余，模仿中国诗词的格调，即兴讲了几句感言，可惜当时的记录已经失落，如今只记得这样的意思：树大了荫更深，人久了情更浓；失去的是无形的时间，收获的是可贵的友谊。我也即兴回了四句：风吹云动天不动，浪打船移岸不移；耳边任凭风雨过，天长地久论友谊。其他朋友有赠诗的，有赠画的，都很愉快。劳尔感慨地说，这才真正体验孔子的至理名言："有朋自远方来不亦乐乎！"

# 感动一座城

长长的人生旅途中，尤其在外交生涯中，我们会遇到各种各样的朋友。那些有缘来到我们身边的，无论他是胖的还是瘦的，是高的还是矮的，是富的还是穷的，特别是后者即相对的弱者，我们都要真心地交往。当朋友需要寻求我们的帮助时，我们一定要尽心尽力。相信真心的付出，不但会感动一个人，也会感动一座城、一个国，乃至整个天地宇宙。

外交讲究礼宾规格，元首、首脑、部长以及各级官员的接待都有严格规范，而且实行对等原则。政党外交大体参照这类规矩。

拉丁美洲人豪爽大度，注重私交，有时打破常规，破格接待，令人感慨朋友重义多情，常常胜过我泱泱礼仪之邦。

在玻利维亚，我们就有过这样的经历。

我们党在玻利维亚的工作，始于两国建交之前。我们获悉玻国总统的儿子患病，医治效果不好，有意到中国求助中医。总统夫人携儿子来华后，我们精心安排，请来最好的中医为他医治调理，不仅使孩子的病情缓解，而且使夫人感到中国的深情厚谊。他们回国后，有一段时间，我们还按处方继续寄送药物。

“你们来到世界最高的首都，就应当享受最高的礼遇！”1987年4月我们踏上玻利维亚的土地，主人就这样对我们说。第二天，帕斯·艾斯登所罗总统会见我们，他说：“你们是最受欢迎的客人！”一连十天我们生活在友谊的海洋之中。

1986年10月，我们邀请玻国执政党——民族主义革命运动执行主席阿布率领代表团访华，我到机场迎接。他一下飞机，就表示总统和夫人对中国的感谢，并请我一定转达给中国政府和中国共产党。

阿布主席非常忠厚纯朴，对农业特别关注。随同他的一位中央书记，负责党的组织和内务，对党的建设很感兴趣。根据他们的愿望，我们请有关部门负责人就这两个问题给他们作了专门介绍。在北京和外地期间，我们还让他们全面了解中国改革开放和中国共产党的对外关系原则。最后，中共中央政治局委员胡启立会见了他们。



阿布离华时，我到机场欢送，他激动地说，在中国所到之处都受到热情友好的接待，使他们好像在天堂一般，中国太好了，中国共产党太好了，中国朋友太好了，他们要向中国学习，向中国共产党学习，向中国朋友学习。我回应说，我们两党两国和两国人民应互相学习，共同前进。他很高兴，一再邀请中国共产党明年派代表团访问玻利维亚，希望我们一定要去，他们将像我们接待他们一样接待我们。

半年后，我率中联部代表团，抵达玻国首都拉巴斯，机场海拔4100米，我走出机舱，只见停机坪上站着许多人，以阿布主席为首，都在向我们招手。我们快步走下舷梯，顾不得到达高原注意事项中的第一条“慢走路”了。阿布首先迎上来，同我们热烈握手拥抱，并一一介绍他们党中央全体执委成员。中国首任驻玻大使原焘和使馆人员也到机场欢迎。机场上空中国国旗迎风飘扬。

在休息厅阿布主持欢迎仪式，许多记者围上来。他发表简短讲话，手举香槟酒热烈欢迎中国代表团的到来。我致简短答词，衷心感谢主人。随后记者纷纷提问，气氛非常热烈。我们又把到达高原注意事项中的第二条“少说话”抛到了脑后。还是阿布提醒记者，说客人刚到高原，不可太累，请我们先到宾馆休息。

我们的车队似一条长龙，前面四辆雪白的摩托开道，紧跟的是前卫车警笛呼啸，接着我乘的一号车，车头两侧插着中玻两国国旗迎风招展，后面依次是多辆迎宾车和工作车，末尾是后卫车彩色警灯闪烁不停。这支浩浩荡荡的车队，从机场下到海拔3600米的市中心，风驰电掣般地奔驰在崎岖狭窄的高原山区的道路上，穿越街道和居民区时，沿途的百姓和行人都出来观赏。我坐在车里，很是不安。我想人们一定以为是哪个国家的国王或总统到了，而我们实际只是一个非常普通的代表团，总共五个人，除了我这个普通团长，成员中两位处长，一位翻译，一位研究人员。我对坐在身边的阿布主席说，你不是说要像中国接待你们一样接待我们吗？你们这般礼节，我们担当不起哦！他笑着说，你们到了世界最高的首都，就应当享受最高的礼遇！

我们下榻的宾馆，是地处市中心最豪华的希拉顿饭店，门前显赫地悬挂着中国国旗和中国共产党党旗。这令我们十分惊喜和惊异，因为在别的国家我们从未见过同时悬挂我们的国旗和党旗。我问阿布主席，这个倡议是从哪里来的？他说他在中国曾见过，他们不是说要学习中国和中国共产党吗？今天我们代表团来了，他们想表达的就是这个心意。

我被安排在豪华套间，两名警察24小时警卫，还有流动警卫巡视所有代表团成员的房间。饭店的门前和四周也都布有警卫。据说，我们入住前，保安部门对整个饭店进行过特殊安全检查。

当晚，阿布主席率中央全体执委举行隆重欢迎宴会，盛赞中国的改革开放和发展，感谢中国对他们的接待，特别强调世界各地很多人对拉巴斯的高海拔都望而却步，而今天东方最遥远的中国朋友，不远万里来到这里，最令他们感动！我在答词中强调，人们常说大爱无疆，其实友谊也是无疆，大海大洋高山高原，不仅阻拦不了我们的友谊，而且正是对友谊真诚的考验，我们来到这里，就是迎接这种考验，为了表达十三亿中国人民对玻利维亚人民的衷心祝福。欢迎宴会始终洋溢着欢声笑语，多数人虽是初次见面，却都似久别重逢的故友，有说不完的话，叙不完的情。还是阿布主席带领玻方人员主动向我们告辞，临别时提醒我们，初到高原不要洗澡，要好好休息，房间里备有氧气瓶，如果感觉不适，随时告诉工作人员。

从第二天起，我们的车队开始纵横往返驰骋整个拉巴斯，警笛声响彻这片宁静的高原。每天报纸都有关于我们代表团的报道。

总统会见，副总统会见，参议长会见，外交部长会见，内阁各大部部长会见，执政党、参政党、反对党领袖会见，整个玻利维亚的高层几乎无一遗漏，还有我们出席首都体育馆纪念玻利维亚 1952 年革命大会上的发言。我们所到之处，都悬挂中国国旗。

这些都成为报纸的重大新闻。

最令我们感到意外的是，除总统外，其他会见后都安排宴请，而且绝大多数是家宴，夫人孩子都参加，不仅隆重，而且亲切。后来出现矛盾，一天三顿饭安排不开，怎么办？我和阿布主席商定，副部长一级宴请予以婉拒，正部以上的可用少吃多餐的办法，一天安排四顿这样解决。对于安排不上的，我请他一定好言解释，表示心领，友谊之情同在。阿布非常配合，笑着说还是中国人聪明，副部正部分得开，他们自己还真不知怎么解决，他一定会照办，不会让任何一位“落榜者”伤心。实际上后来有的“落榜者”还是向我们“抱怨”，说阿布办事“不公平”！阿布开玩笑说，下次请我们来住一个月，给他提供一个摆平的机会！

整整十天时间，我们生活在友谊的海洋中，切身感受这个遥远的高山之国的人民与中国是那么的亲近，时空的距离几乎没有意义，友谊成为人和人之间相处相识相知的唯一缘由！

这次出访使我对交友之道有新的体会。中国古代不是有“滴水之恩，涌泉相报”的说法吗？我想玻利维亚如此破格，正应了这句古代格言。

我们对玻国并无多大贡献，无恩可言。可能有两件小事令他们感动，一件是我们为他们总统的孩子治病尽心尽力；另一件就是我们不畏海拔之高到了他们那里。这件事的意义，我们原来估计不足。我们去之前，确有畏惧心理。过去中国只有一个代表团去过玻利维亚，当时一位女翻译不适应高原环境，心脏病突发，猝死在那里，以后两年再也没有人提起要去那个国家。党的对外工作发展，要求我们必须突破障碍，到那里广交朋友。我们出发之前，在心理和身体两方面都作了充分准备，对高原生活应注意的事项也铭记在心，并带有必备的药物。到达后虽然部分成员产生某些不适反应，但基本上安全顺利完成任务。玻方反复强调我们不畏高海拔的意义，说明越是困难的地方，朋友越是需要我们，我们的到来对于他们来说那是雪中送炭，比锦上添花有更深的意义。

此后，我又三次去玻利维亚，结识了更多的朋友。

# 相逢一笑泯恩仇

在与人的交往上，特别在外交上，修补受到伤害的友谊，当你不摆出姿态，而将对方当成是久别重逢的亲人或朋友时，最终对方一定会如你所想象的那样，成为你最好的朋友`。

中国和古巴两党恢复关系，是中共对外关系调整的重大步骤。

中古两党关系在60年代大论战中被扭曲，70年代恶化，一个时期达到互为仇敌。80年代初，两党关系缓和的最初信息，是从两位老朋友见面时发出的。古巴驻华大使邀请他昔日的朋友、时任中联部拉美局副局长杨白冰到使馆做客，表示要努力争取中古关系最好时刻的到来。中方对此作出了积极回应。1987年年底，古共中央政治局委员、书记处书记里斯盖特出席法共二十六大，主动约见中共代表、中央书记处书记、统战部部长阎明复，正式提出恢复两党关系问题。随后双方商定两党对外机构交换代表团，作为恢复关系的第一步。古共希望我中联部代表团年内访古，时间越早越好。

圭亚那总统贾根是人民进步党的领袖，他的党曾是国际共产主义运动的成员。1996年4月我们访问这个国家，他和夫人三次见我，他说："最大的喜悦是见到中国共产党的代表"。

1988年8月1日，我率中联部代表团一行四人，赴古巴进行恢复两党关系的工作性会谈。行前我们进行了认真准备。双方虽然有恢复关系的愿望，大的原则达成了共识，总的方针是："过去的事就过去了""朝前看"，强调共同点是根本的，在某些问题上的分歧是暂时的，求同存异。但是进入具体会谈，在实质性问题上会不会产生矛盾和摩擦，我们并没有把握。因此围绕如何结束过去和如何面向未来，我们尽可能把问题想得多一些。实际上当时中古之间，在一些问题上分歧不仅存在，有的还很突出。我们到达哈瓦那一下飞机，前来迎接的是古共国际关系总部副部长塔尼娅，她一身红装，满面笑容，热烈同我们每一个人握手拥抱，她和古巴的热带气候一样，第一印象就使人感到亲切和温暖。随后，我同她会谈。对于大论战年代的过来人，我认为从严格意义上讲，那简直算不上是什么会谈，倒好像是老朋友久别重逢的欢聚。她充满激情地对我们到来表示欢迎，对两党不愉快的往事根本不提，对仍有分歧的问题也不触及，除了称赞中国的经济建设，主要就是希望两党关系逐步发展，直至最高层会晤，并具体提出次年恰逢古巴革命胜利三十周年和中华人民共和国成立四十周年，希望利用这一机会互派党的高级代表团，以进一步发展两国政治关系。

大部分时间，塔尼娅都在介绍古共对外关系总部上，使我们了解到他们的组织结构，政治职能，以及各个局的工作情况。她的这种友善姿态，和我们一拍即合。作为回应，我高度评价古巴革命和建设，赞扬卡斯特罗的领导和古巴人民的英勇顽强精神，正面回顾两党关系，对结束过去面向未来讲了几条原则意见，对两党关系发展的前景表达了美好的愿望，对他们提出的建议作了积极的响应。最后，也简要介绍了中联部的情况。他们报以热烈的掌声，第一次工作性会谈结束，双方皆大欢喜。接下来是古共中央政治局委员里斯盖特会见，还有中央组织部、经济部、美洲部的领导同我们会见、会谈，然后到外地参观游览，到处是笑脸和掌声，将近十天的时间我们始终生活在欢乐友好的气氛之中。

我们回国不久，应中联部邀请，塔尼娅率领古共国际关系总部代表团回访，中方也给予了热情的礼遇，双方就进一步发展关系交换了意见，包括就两党互派更高级别的代表团达成协议。其他活动，我们作了相应安排，中共中央政治局委员吴学谦会见，中央有关部门领导出面会见、会谈，然后参观游览，他们一路也是高高兴兴。这样两党的国际部门的工作性会谈圆满完成任务。

以后两党往来逐渐增多，级别不断升格，两党中央政治局委员和书记处书记以上的领导人，你来我往连续不断。双方最高层的领导人也都频繁出场，见面总像有说不完的话，有叙不尽的情。

# 阴暗的天空有明星

很多人交朋友，只喜欢攀附权贵，这样的朋友，可能转眼成为明日黄花。交友的真谛如同养花，一花独放不是春，四季花开春常在。只有广交友，才会水常流，真正的朋友，会在朋友患难之时，不顾私人的得失，向朋友伸出温暖之手，犹如冬天的梅花不惧寒冷。

我们党在拉丁美洲结交了一批全天候的朋友，他们中许多人是在低位时先成为中国的朋友，而后登上总统大位，或任议长、外长等要职的，他们始终一贯积极推动同中国的友好，特别在关键时刻，像夜空里闪烁的明星一般，使我们不会感到黑暗和孤独。

北京“政治风波”两年后，那是1991年5月，巴西朋友内伊·马拉尼奥参议员访华。他是巴西东北部著名的大牧场主，时任执政党议会党团领袖。他是上台不久的巴西总统科洛尔的朋友，两人交情甚笃。

1995年5月温家宝在会见拉丁美洲客人前，听取我的汇报。他饶有兴致地询问拉美情况，一再说拉美的工作很重要。

科洛尔总统具有典型的拉美人性格：豪爽、大度、讲义气、重感情。北京“政治风波”之前，他曾访问中国，那时他是一个州的州长，是代表团的普通一员。中联部拉美局巴西处处长郭元增全程陪同他们在中国活动。科洛尔在访问中国期间宣布参选总统的意向，回国后投入总统大选，一举成名，梦想成真。他认为中国之行给他带来空前好运，对中国感激不尽。

当时恰好郭元增在中国驻巴西使馆工作，科洛尔首先想到的就是这位给他带来好运的中国第一人。如今他坐上总统宝座，自然要回报昔日友情。他突破新总统的传统就职礼仪安排，除了邀请中国政府特使和中国驻巴西大使外，还邀请郭元增作为个人朋友出席总统就职大典，更出乎人们意料的是，他还邀请郭元增这个唯一的外国人参加为庆祝他当选举行的圣诞家宴。他对中国表现出格外深厚的感情。

那时，世界的天空布满乌云。北京“政治风波”不久，发生了苏联解体和东欧剧变，社会主义在世界处于低潮。媒体一片反社会主义声音。中国党和国家领导人，由于西方制裁，一时走不出国门，特别是党的领导人更难出去。这段时间，中联部的部务会议，经常讨论的议题就是如何打破西方制裁。部长多次问我：“拉美怎么样？”我说：“我们正在努力。”中央外办领导也在电话中问我：“你们在拉美的朋友多，能不能多想点办法？”我也回答说：“我们正在努力。”

此时，我们已经选择了巴西，邀请内伊·马拉尼奥访华。对他的来访，我们进行了认真安排。由我全程陪同，除北京外还请他到外地，让他多看农牧业，重点介绍中国农村改革。他酷爱农牧业，快人快语，敢说敢为，颇有开明绅士的豪气，一路感慨颇多。每将巴西的地广人稀同中国的地少人多相对比，就说：“谁也比不了中国！”“任何人都没有资格批评中国！”他说在中国的发现，同他在巴西和世界任何地方的所见所闻完全不同，认为中国用世界百分之七的耕地养活世界四分之一的人口“别的任何国家都做不到！”他将中国小规模的畜牧业，同他的大规模露天养牛作对比，说“中国精心饲养，效益很高，畜牧业也不简单”。

内伊从外地回到北京，不仅对中国农村改革印象很好，对中国政治稳定，经济发展，人民生活改善，以及中国的对外和平政策，也有了直接的接触，他说："中国了不得！我要永远做中国的朋友！"

我告诉他江泽民总书记将要会见他，他听了高兴得同我紧紧拥抱，使劲拍打我的肩膀，连声说："请你告诉我，我见了江总书记该说点儿什么？该做点儿什么？"

我问他："你们党的领袖科洛尔总统有没有可能邀请中国党和国家领导人访问巴西？"他说："那好啊，如果江总书记能访问巴西，那是我们很大的荣幸！我想应当没问题。"那天，江泽民见他的时候，对他表示欢迎，同他讲了中国的政治经济形势和内外政策主张，讲巴西是拉美大国，中国非常重视同巴西的关系。谈到高兴处，内伊转达了科洛尔总统对江总书记的问候，并代表科洛尔总统向江总书记发出邀请。江表示感谢，并愉快地接受了邀请。

会见结束后，我问他："你同总统商量过了吗？"他说："没有，我保证总统会同意。"我听了没吭声，但心里有点儿犯嘀咕。回到宾馆，因为时差的关系，巴西还是夜晚，内伊马上拿起电话，同科洛尔通话，将江泽民会见和他代表总统发出邀请的情况作了报告，他对总统说："没有事先取得你的指示就发出了邀请，现在请总统确认，不知是否合适？”科洛尔回答他：“你这件事做得好，我非常高兴在巴西欢迎江泽民总书记。”内伊立即将科洛尔的话转告我，我重重地拍打他的肩膀说：“你真是太棒了！”他热烈拥抱我，两人同时哈哈大笑。

在西方包围的情况下，巴西总统科洛尔是第一个向江泽民总书记发出邀请的外国国家领导人。这件事具有标志性意义。

内伊·马拉尼奥是我在巴西的密友，1999年我们在他的畜牧庄园，愉快地回忆当年他访华的情景。他说：“我要像这头老牛忠于我一样，永远忠于我们的友谊！”

当时，欧美几乎所有重要政党都停止了同我们党的往来。苏联东欧执政党丢掉政权，政局一片混乱，无法往来。非洲我们原来有广泛的政党关系，而且多数都是执政党，但在苏东的影响下，实行多党制，原来的执政党几乎都换马，新上台的政党情况不明，到非洲也很困难。亚洲这一片，我们党同多数党的关系还处在起步阶段，也难以顺利走出去。

唯独拉丁美洲，虽然欧美的媒体影响占压倒优势，舆论也非常混乱，负面的东西很多，但是由于我党的对外关系调整之后，在拉美工作有了几年的基础，相对情况比较稳定。特别是我们在拉美有一批全天候朋友，当世界其他地区的政党对中国采取极端或片面的对抗态度时，他们对中国保持了基本的信任态度，反应比较克制。巴西总统科洛尔邀请江泽民的果敢行动就是证明。

与此同时，阿根廷梅内姆总统也向江泽民总书记发出邀请。他同科洛尔一起，推动了北京“政治风波”后江泽民对拉美的访问。

厄瓜多尔总统博尔赫在台下的时候曾访问过中国，回去后竞选成功。1991年2月他会见我们时，国内正发生全国工人大罢工，我们得知他几夜没有睡好，非常感激地说：“总统先生日理万机，我们还来打扰，真不好意思！”他说：“别的客人来了我可以不见，你们来了我不能不见，我很高兴在这样的时候见中国朋友哦！”

此后，中国党和国家多位领导人出访，都首选拉丁美洲国家，其中党际关系渠道比较畅通是个重要因素。而这批担任总统的全天候朋友功不可没。除了巴西总统科洛尔、阿根廷总统梅内姆外，这里特别应当提到的有：委内瑞拉总统佩雷斯、厄瓜多尔总统博尔赫、智利总统艾尔文、秘鲁总统加西亚、哥伦比亚总统桑佩尔，他们在帮助我党打破制裁方面，在一定程度上都起了带头作用。还有更多处在其他位置上的朋友，他们的贡献也如天上的繁星一样，闪耀着令人欣慰的光辉。

# 他成了中国人民的真诚朋友

昔日意识形态相敌对的人，今日却成了真诚的朋友。这个世界上没有永恒的敌人，只要你去努力，所有的局面都会改变。

玻利维亚总统乌戈·班塞尔将军，是我们党80年代后期在拉美结交的一位重要而特殊的朋友，是我们交朋友的一个闪光的亮点。

第一次见到班塞尔将军是1987年4月。当时应玻利维亚执政党民族主义革命运动的邀请，我率中联部代表团参加他们纪念1952年革命胜利35周年活动。从我党广交朋友的意愿出发，我们提出希望拜会同我党尚未建立关系的反对党——民族主义民主行动党。这个党属保守党国际民主联盟，是玻利维亚著名的前军人政变总统班塞尔将军创建的。开始有的同志有顾虑，提出反对意见，我们坚持作为试探，争取同这个党接触。班塞尔将军欣然同意。我们到达时，他已在党部等候，主人等客人，这在时间观念不强的拉美是很难得的，这是个好的兆头。

玻利维亚总统班塞尔将军，是民族行动党的领袖，曾以政变镇压共产党著称。后来他成为中国人民的忠实朋友，这是1994年8月在他的家乡会见我们。他曾期盼再次访问中国，不幸愿望未能实现，是他的遗憾，也是中国朋友的遗憾。

班塞尔请我们就坐后，开门见山地说："见到你们很高兴，也感到新鲜，你们敢来见我！"我注意到他原来是个和蔼的小老头儿，眼睛炯炯有神，言语爽朗，我琢磨他话的含义大概是说：他是玻利维亚鼎鼎有名的反共将军，同中国的蒋介石是老朋友，他1971年在国内发动政变，打击的重点对象就是共产党，随后当了八年军人总统，不久前才把总统位置让给文人，他的厉害我们是应该知道的！但从他的眼神里，我看出他的话表达的可能是一种惊喜或者是一种疑问，不一定有难为客人的意思。于是我回答说："我们听说将军是一位和蔼的人，今日一见果然如此，并不可怕！"

他露出了笑容说："我看你们也都是和蔼的人！"接着他问："看样子你们都还年轻，怎么就参加共产党的？"我说："我参加中国共产党是因为感觉它是全心全意为中国人民服务的。"他说："是吗？那你能不能说说你们共产党的情况？"

我非常简要地介绍了近代中国的苦难历史，革命先烈前赴后继都遭到失败，直到中国共产党建立，领导人民浴血奋战，才取得民族独立和人民解放，以及今天中国的变化和当前的任务。我知道他与台湾当局的关系非常密切，在此特意讲了实现祖国统一大业的任务。他聚精会神地听着，还不时插问，待我说完后，他沉思了片刻说："我今天真的很高兴！你们中国共产党的代表来见我，这说明你们真有气魄！我过去只对中国古老文明感兴趣，看来我真该看看今天的中国。"他的声音低沉，像是自言自语。

"我们非常欢迎将军到中国去看看！"我和代表团的成员几乎同时做出回答。

"那该以什么方式去好呢？"他问。

"以什么方式都可以，你是中国人民的朋友，中国人民会欢迎你的。"我们说。

"那好，就以中国人民的朋友的名义！"他的语气坚定。

我们起身告别，他一直送到大门外。

第二年春天，班塞尔来到北京。虽然经历遥远的飞行，我看他精神抖擞，从机场到宾馆一路上不断问这问那。我说："将军，据说一个人对新鲜事物表现出的兴趣是身体健康的重要标志，我真为你高兴，相信以你的智慧和精力，一定会在中国有重要发现!"他笑答："一定有重要发现，一定!"

根据他的要求，访问日程安排得很紧，便于他多同中国社会直接接触。我在北京全程陪同他活动。他开始的时候，称呼我"李先生"，后来熟了，简称"李"，有时也开开玩笑。他的兴趣广泛：对农业、工业、商业、教育、文化领域的改革都问得很具体，对老人、儿童、妇女的穿戴和表情都观察得很细致，尤其对新建的居民楼房极为关注。当时北京的建设工地多，汽车通行经常受阻，有一次在一个工地附近因为堵车时间太长，我抱歉地对他说："真对不起，北京的交通解决得不好。"他却说："怎么不好？说明汽车多，也说明建设忙。"他打开车窗，翘首朝外看正在新起的一栋栋楼房，并轻声地数着楼层，当数到第18层时，他高兴地说："李，北京的楼房真漂亮呀，我想买那一套，就在18层，中国人喜欢的数字!"他用手指给我看，大家都笑了起来。在中国的那些日子，他的心情总是很好。

记得他在离开中国的头一天下午，他远远向我招手，我赶紧过去，以为他有什么要求。他神秘地对我说："我有重要发现。”我看他准是要开点什么玩笑，我也神秘地问：“什么重要发现?”他却变得严肃起来说：“我发现，我见到的中国不是我听到的中国。”

我停下脚步，也严肃地问他：“你听到的中国怎么样?”

“过去听到的中国很坏!”他做了一个手势，大拇指朝下。

“那现在见到的中国呢!”我问。

“是个进步的国家!”他说：“你看，为老百姓盖了那么多住宅，这样的政府只能是进步的政府!”

“将军，谢谢你的正确判断!”我紧紧地握住他的手。

“应该谢谢你们，让我有机会看到真实的中国，中国的发展了不起，与我的想象完全是两样!”他把同我已经握得很紧的手握得更紧了。他很激动，说如果他是中国人，也会加入共产党。他建议以后的交往方式直接以党对党，不再用其他名义。

1990年9月，我第二次访问玻利维亚，征得东道主的同意，安排我们拜会民族主义民主行动党。我们到了党部，受到了人们列队欢迎。进到大厅，通过介绍，方知都是该党的重要领导人。为首的是党的副主席，首先致欢迎辞，代表党的领袖班塞尔将军和全体党员热烈欢迎我们，并告诉我们，班塞尔正巧不在国内。这时，副主席展示一张字条，说是班塞尔将军留下的信，指示他们党的中央要以隆重的形式欢迎中国来的老朋友。信中还说，他考虑这次要送点什么有特殊意义的纪念品给中国朋友，最后决心把他作为农民运动领袖的权杖送给我们，希望我们能够喜欢。随后，礼宾官把礼品拿上来。打开包装纸，原来是一跟黑木棍子，两头包着银箔，压成各种花纹和图案，可能因为时间久了，失去光泽，图案已看不大清楚。我们心里有点儿纳闷：这算什么呢？副主席举起这根棍子激动地说：这权杖可不一般，玻利维亚是一个农民国家，班塞尔将军是全国著名的农民领袖，凭这权杖可以一呼百应。这个宝贝，中国朋友拿在手里可以在玻利维亚通行无阻，也可以作为进入玻利维亚永久的签证。这番介绍引发在场人的热烈掌声和笑声。随后是酒会，酒会后是宴会，宴会后是茶话，时间约有三个多小时，与会者对中国的热情始终不减。

告别之后，我内心的激动久久不能平静，我想我们这样一个级别不高的代表团，班塞尔却以这般隆重的仪式欢迎，足见他对中国感情之深厚！回国后，我们给他去信表示了由衷的谢意。

1994年8月，我第三次访问玻利维亚，这时我任中联部副部长，是应玻利维亚自由运动邀请对这个国家进行友好访问。在商谈日程时，主人告诉我们班塞尔不在首都，他欢迎我们在他故乡圣克鲁斯的家里会见我们。这消息使我们格外高兴。在世界最高的首都拉巴斯的日程完成后，我们从3700米的高原来到圣克鲁斯，它是玻利维亚的贸易重镇，位于科恰班巴山脉支麓的热带低地，海拔400多米，植物繁茂。我们下来，精神感觉特别轻松愉快，立即驱车前往班塞尔的家里。他的住宅建在一个坡地上面，我们到达之前，他已走到坡下面等候我们了，我从车上远远就认出他站在那里，当我们的车刚停下，他就上前拥抱我们每一个人，并紧紧拉着我的手从坡下走到坡上一直到客厅就坐。

"李，我真的很高兴！很高兴见到你们！"他一再重复"很高兴"，他的语言和他的眼神使人感觉同样的诚挚。

"我们大家都很高兴！再次见到将军这样健康，我们真高兴！"我一再感谢他给我们破格的礼遇，并开玩笑地说，他是将军，我们是士兵，担当不起呀！

"你们不是士兵，你们是中国来的客人！我也不是一般的将军，我是中国的朋友！"他爽朗地回答，并兴致勃勃地告诉我们，他上次访华后，更加喜欢中国了，他家里布置的两个客厅，一个西方厅，一个东方厅，他说今天是在东方厅接待我们，并一一指给我们看他从中国带回的纪念品，琳琅满目。我内心十分感动：他对中国真是一往情深！

"说说中国新的进步吧！"班塞尔问起他上次访华后中国的发展变化：北京是不是又有许多居民搬进了新楼？上海的高楼是不是离天更近了？进入中国的外资是不是像流水？中国的朋友们

是不是又涨工资了……听着我们的回答，他不时露出微笑，不时发出赞叹："中国了不起！"

时间过得很快，根据日程预定的时间，我们不得不起身告别。没想到他不让我们走，他说："你们难得来，怎么呆这么一会儿就要走？"我告诉他下面还有安排。他问，有什么安排，我说要去参观一个兵营。

"兵营有什么好看的！别看了！"他大声说着，同时指挥他的下属给兵营打电话要取消这个安排，他说："告诉他们，我们的话还没说完。"

"将军，我们服从命令，既要听将军的命令，还要听礼宾官的命令，我们希望在将军这里再延长半小时，推迟参观兵营，据说兵营有好多东西值得一看。"我提出这样的建议，他表示赞成，并指示立即通知兵营方面。

他继续同我们聊家常，请我们喝茶吃点心，很快时间又到了，我们起身告别，他送到坡下。临别时，我们欢迎他有时间再到中国看看。他说："当然，当然。"我们的车启动后，他还在向我们挥手……

1997年6月，班塞尔作为民族主义民主行动党的总统候选人在大选中获胜。我们注意到，他主政后奉行独立自主、和平与不结盟的对外政策。这个时期，我在全国政协外事委员会任副主任，玻利维亚驻华大使奥斯卡·萨莫拉曾两次见我，表达了班塞尔总统对华关系的诚挚意愿，他坚持一个中国的立场，积极推动玻中友好合作关系继续发展。

1987年4月，在玻利维亚共产党（马列）第一书记萨莫拉家里做客，他后来被以反共著称的班塞尔总统任命为驻中国大使，一直为促进玻中友好出力。

时间是面镜子。这位心胸开阔的将军，超越意识形态的差别，与朋友交往，以诚相待，在台上和台下表现如一。2001 年他病逝于美国，令中国朋友十分悲痛，我专门写了纪念文章，我们将永远怀念这位中国人民的真诚朋友。

# 空前的亲吻礼

真诚的朋友总会以最美好的方式来款待你，这是你收获友谊的最美好时刻，你一定要以美好的心情，接受他的好意，做到入乡随俗、收放自如，定会给自己带来意想不到的快乐。

在同拉丁美洲的交往中，由于文化的差异，许多朋友常常给我们带来意料不到的欢乐！

智利有一位朋友名叫努捏斯。他1988年来中国访问时，是一个小城市的市长。回去后不久参加竞选，当上了一个大区的主席。智利的大区相当于中国早期的东北、华北、西南、华南等行政区，全国共分六个区，每个区管几个省市。他当选第六区的主席，非常高兴。1990年4月我们访问智利。努捏斯知道后，热情欢迎我们到六区，带我们到他的办公室。我们一看，办公室很宽敞，迎面的白墙上只挂了他在中国长城的巨幅照片，十分显眼。

他指着照片，半搂着我的肩膀，兴奋地说："你们看，这是我在中国的纪念！我竞选成功，这是中国给我带来的好运，今天你们来了，我要好好招待你们！"我笑着问他："你打算怎么招待？"他说："你别急，先坐下来，吃点儿喝点儿，我跟你们慢慢介绍。"

1990年4月我们访问智利，努涅斯把我们请到他担任主席的大区，举行群众大会欢迎我们，在休息厅他双手紧握我的手，向与会的领导人介绍说："他是我在中国最好的朋友！"

他叫人端来咖啡、牛奶、点心、水果、红酒等等，请我们享用。然后叫秘书拿来文件夹，他郑重其事地取出彩印的日程安排，眼里闪着几分神秘，逐条逐项给我们宣读起来。他念道："第一条，为欢迎中国代表团，全区放假一天。"我马上插话："这条恐怕不妥！"他说："你别打断我"。他接着念："第二条，全区举行欢迎大会。""第三条……"如此这般一直念了十多条，然后问我们有什么意见。我建议取消放假和开大会两项。他说：

“你别管，这是我的事！就这么办，你们听我的！”他边说边笑边喝酒，显出几分得意。

第二天，在大区首府举行隆重的欢迎大会，主要街道张灯结彩，挂出欢迎中国代表团的彩旗，像节日一般。他们备了六辆马车，中世纪彩装，高头大马，披红挂绿。我们六人每人一辆，努氏请我乘第一辆，因为我是老朋友；我坚决拒绝，我说请代表团团长坐第一辆，我是副团长就坐第二辆。他说那好，请团长乘第一辆，由市长陪同，他陪我乘第二辆；我建议他陪同团长，他不接受，说这里不是北京，由他说了算。六辆彩车一列展开，洋鼓洋号开道，鱼贯而行，穿过主要街道，两旁群众夹道欢迎，一路热闹非凡。

车队到达广场，场内已经站满了人群。各校学生和民众都穿着节日盛装，乐队吹吹打打，彩旗彩花彩球满场飘扬，欢呼一阵后安静下来，乐队奏中国和智利国歌。首先由市长致词、努捏斯主席致词，分别对我们代表团表示欢迎。然后，由我们团长致答词。接着民间歌舞团表演丰富多彩的节目，随后有一场特殊活动：一批穿着五颜六色盛装的年轻妇女、学生排着队向我们走来……

“这是干什么的？”团长好奇地问，并且非常注意这批女士的行动。

“我也不大清楚。”我这样回答，同时侧身询问努氏：“下面是什么节目？”

“她们来向你们行亲吻礼。”努氏笑着告诉我。我对单人行“亲吻礼”是熟悉的，但是对妇女列队集体行“亲吻礼”却没有见过，好像古代有过类似礼节，表示对贵客的欢迎。我想大概是个体形式的延伸吧，于是告诉团长：“看样子，她们大概是来亲吻我们的脸颊，同时嘴里发出‘叭’的一声，象征‘吻’的意思，这叫亲吻礼！”

“这不好吧，这怎么行！”团长听了直往后退，同时把我推到前面说：“请你来吧！”

“团长，你要迎着困难上！”我笑着把他推到第一线。

说时迟那时快，年轻妇女队伍已经到了面前，团长欲退不能，第一位女子伸开双臂前来拥抱，团长僵硬地接受了拥抱，那女子还在他左右脸颊亲了两下，嘴里发出“叭、叭”两声。接着第二个女子、第三个女子……团长逐渐熟悉起来，姿势也渐趋自然。代表团其他成员依次接受“亲吻礼”。台下欢呼声此起彼伏，台上笑声一片。在欢乐的高潮中，主人请我们喝当地特酿的甜酒，似击鼓传花一般，硕大的酒瓶每人痛饮一口，立即传给下一人，谓之“共享甘甜”。此时，广场上锣鼓喧天，释放彩球、纸花，主人引导我们进入礼堂，继续酒会，地方官员和社会名流齐聚一堂，同我们一起共话两国友谊。

1990年4月努涅斯主席宣布智利大区放假一天，为的是举行盛大节日欢迎中国朋友。这是欢迎大会一角，可惜那时我们没有摄像机，动人的场景只能留在记忆中。

那天晚上回到住地，代表团全体成员个个欢喜雀跃。团长尤其高兴，拍打着我的肩膀说："拉美这个风俗太好了！我一辈子也没有这么多女人接吻！"大家哈哈大笑。

"团长，你搞错了！"我笑着对他说："这可不叫接吻！"

"不管叫什么，这个传统不能丢！"团长笑得更开心。

"团长，你还害怕吗？"我学着他当初往后退的样子。

"哪里话！以后有这样的好差事，请你多多关照！"说得大家又发出一阵笑声。那是代表团欢乐的一天。

这事发生在1990年4月，那时世界上乌云密布寒气逼人，惟独拉美这里依然温暖如春。

# 情深虑远

人生得一知己足矣！国家关系和党的关系也是这样。知己朋友与你心灵相通，他考虑的往往正是你关心的事情。也许你的朋友所提醒的不测最终真的变成了现实，但因为曾经有人这样真诚善意地提醒过，所以当那个意外真的来临，你依然可以坦然地接受。即使斯人已去，你也一样会深深感恩。对于个体的人如此，对于国际的交往也类似。

我讲一个加勒比海岛国的故事，考虑种种因素，我将人名地名全部虚拟化。这个岛国不大，但是相当重要，同中国还没有建交。岛国有一位黑人领袖G氏，气质大度，学识渊博，是一个重要政党的主席，还是该系统政党国际的副主席和拉丁美洲地区主席，享有良好的国际声誉。2002年我率全国政协外事委员会代表团访问这个岛国，G氏已去世，在他的巨幅画像前我肃立默哀，感慨万千。

1997年5月秘鲁总统藤森会见我们时刚做完咽喉手术,声带不能发音,只能用笔同我们对话,他写道:“欢迎你们,对不起,我暂时不能说话。”我们无比激动,一再感谢他的深情,祝他早日痊愈,身体健康。送别我们后,他即乘机飞往美国复查。

1987年10月G氏第一次访问中国,一下飞机就表示“终于来到久仰的中国!”在中国10天的活动,他保持旺盛的热情,一路称赞中国到处都在建设,到处都是工地,世界上没有哪个国家有这样的活力。中国国家主席李先念会见了他,他说不同中国建交是历史性的错误。

1989年北京“政治风波”后,G氏所属政党国际欧洲本部,积极酝酿发表联合声明,公开谴责中国。这时拉美对中国的信息也非常混乱,我们就向G氏和拉美地区的一些成员党的领导人去信,说明情况,请他们向国际做工作。后来,我们获悉他们在接到信后积极做了工作，取得了成效，国际的声明最终没有发表。

1991年10月我们党的对外交往仍然非常冷清，我率中联部代表团访问这个岛国，G氏两次会见。第一次，他和党的中央领导集体会见宴请，持续三个多小时，场面始终热情友好，根本不涉及可能有分歧的问题。结束时，G氏拉着我的手，轻声对我说，他想明天在小范围再见见我和代表团的主要成员。

第二天我们到G氏家里，他夫人和孩子都出来欢迎，同我们谈笑照相，然后退出。他单独同我们交谈，说昨天在场的人太多，有些话不便说，今天想对我们讲讲。我们表示愿意听取。他说想讲三点想法：第一，对中国处理天安门事件有不同看法。对这件事，不愿作过多的评论，希望中国妥善处理后，取得稳定和发展。第二，从两党友好关系出发，他们在收到我们的来信后，不仅党内进行了讨论，而且同拉美其他国家有关党领导人交换了意见，商定应当帮助中国做欧洲党的工作，后来取得了成效。第三，他们党愿意继续同中国党保持关系，在适当的时候，将派团访问中国。

我们对他的会见以及他对中国的帮助表示感谢，对北京“政治风波”又做了一些解释，并欢迎他们在方便的时候访问中国。这次小范围的谈话气氛非常平和。结束时，他和全家成员热情地欢送我们。

1993年7月他由夫人陪伴，带领代表团再次访问中国，成员中有党的副主席Y氏。G氏这次来中国，情况比较特殊，他患有癌症，在美国手术治疗后，效果不好，感觉病区经常疼痛，他听说中医对癌症手术后配合治疗可以起到很好作用，因此这次来中国带有治病和疗养的性质。我全程陪同他活动，除了北京外，到广西桂林休息，一路有很多谈心的机会。尽管重病在身，他情绪却相当乐观，眼里总带微笑。他非常健谈，谈国际问题、拉美问题、国内问题，对中国问题也很感兴趣，我们一路谈的话题非常广泛。他讲到，这次到中国来除了治病以外，特意把党的副主席也带来。他说Y氏很有头脑，也有能力，在党内很受大家信任。说他自己现在身体不好，虽然医生和朋友都安慰他，但是本人感觉不好，可能会出现不测，如果一旦他离去，他们党就会推举Y氏来接任主席。他还说，现在国内形势发展对他们党非常有利，如果不发生意外，经过一段时间的努力，也许在下一届，他们党上台执政的可能性非常大，对前景他抱很乐观的态度。他说，到那时对外关系首先要考虑同中国关系正常化。但是他自己是否能走到那一天，他不抱乐观的期望。到时Y氏可能掌握大权。对别的他都不担心，只是担心Y氏跟台湾有亲密关系，而且有个人利益，就是怕将来在这个问题上他把握不稳。所以，这次带他到中国来，让他多看一看，多谈一谈，加深对中国的了解，便于他把握未来与中国的关系。

G氏在中国治病期间，我们找了很好的中医医生，特别请对调理肿瘤有经验的医生给他看病，帮助他疗养。他逐步感到病情有所缓解，疼痛减少，而且疼痛周期延长，总的精神状态见好，他的夫人也很高兴。过了一段时间，他们高兴地离开中国。我们为他多配备了一些药物，装了一箱子，随飞机托运回国。后来只要有可能，我们还继续按处方给他带去一些中药。

G氏去世后，我再次踏上他的祖国，所遇之蹊跷，令人百感交集，感叹斯人虽去，其情之深难能可贵，其虑之远何等真诚。

正如G氏所料，1993年7月陪同他访华的那位Y氏，后来果然登上了总统大位。说来也巧，这次我们来这里，邀请我们的正好是他的那个党，现在成了执政党，新的代主席和几位副主席、议长等领导人都出面会见我们，几乎异口同声主张同中国建立外交关系，说现在就差总统拍板了。

这次来这里，有没有可能见到总统，我们事先并不知道，也不便贸然打听。过了两天我们得到通知，说总统要见我们，我们当然高兴。

我们代表团共六位成员，都是有外交经验的，其中有位资深大使，在联合国担任中国代表时，与许多要人打过交道。另有一位资深拉美问题专家，是全国政协委员。准备参加会见的还有中国商务代表，他已经在这里呆了很长时间，对情况比较熟悉。为了慎重起见，我们在总统会见前，认真地进行了讨论，对可能遇到的情况作了准备。我说，虽然Y氏上次去中国，我曾经陪同他活动，应该说是熟人，但那时他在台下，现在他当了总统，他认不认我这个朋友，还很难说，明天见面，我想不主动同他套近乎，我们按礼节相见。如果他认我这个朋友，我们就以朋友相见。至于两国建交的事，我们不主动提出，如果他主动提出，我们积极加以推动。大家同意我的想法。当时我们还分析有两种可能，一是纯礼节性的会见，握握手，照张相。另外一种可能谈到一些实质性问题，主要涉及两国建交问题，到时根据情况来对应。

第二天我们一到总统府，Y氏已经在会客厅的门外等候我们，他满面带着笑容，快步迎上前，热情同我握手、拥抱、拍打肩膀，又说又笑，说老朋友相见，格外高兴。然后同代表团成员一一握手、拥抱，拉着我的手，把我们迎进客厅。里面有我曾经认识的一位老朋友，个子高大，我们就称他高个子吧！还有总统府的几位官员，外交部长不在场。Y氏主动招呼记者来“同我的老朋友照相”，单独同我拍了几张后，又同代表团合照。我把代表团成员和商务代表介绍给他，他都热情地表示欢迎。

他请大家就座后，没有讲太多的客套话，就主动提起上次访问中国的事。他说：“我对中国的印象非常好，很想念中国和那里的朋友，他们都好吗？”

我说：“您上次对中国的访问给大家留下了美好的回忆，您在中国的朋友对您当选总统都非常高兴，请我转达对您的问候和祝贺。”

“我很想再去中国。”他感谢我们的祝贺，并主动这样表示。

“欢迎总统先生再次访华！”我和商务代表几乎同时回答，我还说G主席当年就预见到贵党有可能上台执政，希望到时能够实现两国关系正常化。

“我已经决定去中国！”Y氏这样说。

“您打算什么时间到中国呢？”我问他，他立即拿起电话同外长通话，外长告诉他访问日本的计划已定，他说很好，并告诉外长访问日本后接着访问中国。

“访问日本是原来定的，现在加上中国，就这么定了。”他对我们说。

“有哪些人将随您去？您有什么具体要求吗？”我们希望他能提供更具体的情况。他想了想，随即将随行人员名单当着我们的面说得很清楚。并且表示，后续工作可通过那位在座的高个子联系。接着，他问中国的情况。我简要介绍了近年来中国的发展变化，并说相信他这次去中国，一定会将两国关系推向一个新的阶段。

“这次我去中国的决心已定。”Y氏再次重申，并坚定地表示：“不论来自任何方面会有什么反应，我访问中国的决心不变。”

我们高兴地起身告别，希望在中国欢迎他。他送我们到门外，还是那样满面笑容。

回国后，我们向有关部门汇报了情况，中国方面对此作了认真工作。但是，过了若干时间，预计访问的期限已过，仍没有任何动静。后来再一了解，原来Y氏改变了主意，放弃了对中国的行程，但是竟然没有作一句话或一个字的解释。

过了一段时间，我有机会到巴拿马访问，虽然离他的国家很远，那位高个子朋友闻讯特意前来看我，我问他那究竟是怎么回事？他满脸苦笑，始终说不清楚，不断地说“对不起”，从开始一直到离去。我看他确实有难言之苦，也不好继续追问，因为这事与他无关，估计他也不可能知道内情。

G氏已有预言在先，人生百态，义利选择，对此还需要答案吗？

# 一如既往

与朋友交，最令人难过的是看到朋友受到伤害，而自己牵连其中，又无力相助。最令人感动的是无论发生了什么，当误会消除，朋友对你的信任依然一如既往。友谊的培植需要漫长的时间，而友谊的伤害往往只需一时一事。切忌伤害你的朋友，如果误伤，要设法以坦诚的方式说明真相，抚慰朋友的伤痛，以恢复并保持来之不易的友谊。

在中美洲一个美丽的国家，我有一位非常知己的朋友，我简直不好意思提起他的名字，给他化名“诚信”吧，代号K氏。K氏是我在那遥远的地方许多朋友中最好的一位。他当时是那个国家执政党的总书记，还是国民议会副议长。1991年他来中国访问，我全程陪他到各地走走看看，向他耐心介绍所有他感兴趣的问题，他认为访问受益良多，抹去了他心中对中国的种种疑虑，对中国的印象非常好，同我个人也建立起良好的关系。

阿根廷总统梅内姆是在“北京政治风波”后，首先向中国领导人发出邀请的外国领导人之一。1990年我到钓鱼台感谢他，他说“不必客气，我们是朋友。”

K氏出生于一个著名的望族，他的家族以纺织业著称，他本人从政，有三个兄弟继承父业，都从事纺织业。他的国家不大，首都是政治中心。经济中心在北部某城，相当于上海在中国的地位，他的家族是那里的首富。

第二年应K氏邀请，我带领代表团访问他的国家，成员中有两位纺织企业家。K氏亲自组织接待工作，礼遇非常隆重，我们接触了政界、商界、文化界等各界名流，许多都是顶极人物。K氏的父母平时住在美国，他将父母专程接回，全家几代人团聚，举行盛大的家庭联欢，张灯结彩，洋鼓洋号齐鸣，热闹非常。他对我说，我们的访问是他全家的光荣，虽然遭到反华势力的激烈反对，但他特意要让他们知道，他选择同中国的友谊之路要坚定不移地走下去。他还告诉我，上次陪他去中国访问的一位助手，甚至收到死亡威胁的恐吓信，也不改变对中国友好的决心。



随后K氏介绍了一些朋友到中国来，中国也有少数人到那里去，逐步迈开互相来往的步伐。我以后又去过两次，每次他安排都很周到，超常规的接待，而且他的父母都从美国赶回，把我当作他们家的至亲密友。他的国家有一个美丽的风景区，是世界著名的珊瑚岛，他的家族在那里有位置良好的别墅，他每次都带我和代表团去休息，安排得无微不至。该岛所属市长赠我“金钥匙”和荣誉市民称号，谓我“随时可以来往”。

往后，通过K氏的努力，我们国内各方面去的人多起来，那边来的人也在增加，渠道逐步畅通。我们感到很高兴，看到在这个同中国尚未建交的国家的工作初见成效。

但是，出乎我的意料，有一天我忽然收到K氏的一封来信，信中说，他现在遇到很大困难，我介绍的一位朋友，头两年率领一个重要的经贸代表团，由他给他们安排，签订将近五六十个经济合作备忘录、意向书，还有协议，但是到现在为止一个也得不到落实。说他当时是顶着对中国不友好的势力的强大压力而尽力推动，一些电视、电台、报纸也为中国做了好多宣传，现在这里的人们都埋怨他，他到处找我的那些朋友，他们也不回话，他实在无可奈何，只好找我，问我该怎么办？

我看信大惊：我从来没有听说过有这样的事呀！我从来没有介绍过这类人到他的国家去呀！我认真做了一番调查后发现，果然我国一个权威性商会的一位领导人，我不愿意呼他的大名，请允许我虚称他为“诚失”吧，他的代号ZH氏！他在两年前带了一个代表团到那个国家，成员中有二三十位企业家，K氏所说的事情就是他们所为。于是我去找这位ZH氏，他说的确同人家签了五六十个意向书、备忘录，但不是正式协议，不具有约束力和法律效力，现在的情况不是他们不想落实，而是资金有困难。我说，能不能先选几个较容易的项目落实呢？这么多的意向书、备忘录，虽然不具有约束力，但是我们的朋友遇到这样的困难，我们应当帮助他渡过难关！我问他：“你们并不是我推荐去的，你们却说是我推荐的，这是怎么回事呢？”他不承认说过这个话，说大概是K氏从别人那里听说的吧。我说：“这个我也不深究了，但是能不能请你们努力，至少做成一两件事也好！”他说：“现在实在缺乏资金，又是未建交国，企业贷款特别是优惠贷款很难，你能不能帮忙活动一下，争取一些贷款。”我说：“我不是搞经济的，还是请你们努点力吧！”他说：“那好，我再努力一下。”

我看这位“诚失”先生态度不积极，只是应付的样子。出了他的机关门，我就直接到外贸部，找到管拉美的副部长。我说明来意后，问他能不能帮帮忙，从对外关系的全局考虑，提供一点优惠贷款。他向我解释说，无息贷款、优惠贷款，对未建交国是不允许的。他表示歉意，说很对不起我了。我只好表示理解。随后，他出了一个主意。他说，某省有个企业在国外经贸做得不错，有一定的经济实力，在洛杉矶有个办事处，建议我找找某省领导同志，推动他们做成个把项目，缓解一下这个矛盾。我们就此告别。

说也凑巧，正好那个省委一位副书记由中联部安排，要出国访问，我知道后就找到他，他说确实有这么一个企业，他可以给他们打个招呼，然后请我直接同他们联系。

我同那个企业联系后，及时通知K氏。第一，我向他说明，他所说的我所介绍的朋友并不是我介绍的，是他们通过自己的渠道去的。但是他们是中国真实存在的企业，他们还是想做生意的，不过在资金运作上有困难，还由于我们两国处于没有建交状态，企业贷款很难。第二，我现在介绍的这个企业是真实的，看看能否先同他们商谈，做成一两件事情。他说非常好，欢迎他们去。随后K氏专门做了安排，请那个企业驻洛杉矶的代表到他的国家，他们也受到热烈的欢迎，但是最后没有达成任何正式协议。

后来，K氏又给我写信，我虽然回信，但空洞无力。又过了一年时间，我从中联部领导岗位退下来，到了全国政协。再往后，我不再收到他的信了，估计他一定理解我实在无能为力。

2001年K氏重访中国，提出要见我，我们见了面，还是像从前一样热烈拥抱，我逐一询问他家的每一个成员的情况，他说他们全家都很好，都问我好，都很想念我，问我现在情况怎么样？我说现在我在全国政协，各方面都很好，也很想念他和他们全家，就是有一件事对不住他，我们中国的企业家……我刚提起话题，他便说，那件事已经过去了。我说我总觉得过意不去，非常对不起他和他的全家。他说，他们知道那些人不是我介绍去的，这事不再提了。接下来，我们回到友谊的话题，讲中国的事，讲他的国家的事，讲他家的事。临走时，除了公家给他的礼品外，我给他和他家的每一个成员都送了一点个人的小礼品。

往事虽然如烟，但对这件事的记忆挥之不去，一想起来，心里还是很难过。这是我从事拉美工作多年中，最感遗憾的一件事。

# 外交心语

## 卷二

外交活动中，可以随时使人面临不可预知的环境，一旦应对得当，会收获意外的喜悦，感受外交工作的丰富多彩。本卷所列杂文佚事，是作者在不同文明的碰撞中的一些有趣经历。

# 如何向外国人解说中国

如何向外国人解说中国？这是外交工作者每天要面对的挑战。对外国人最关心的问题，我们要直接面对，不要简单应付，要选好切入点，以西方人易于接受的方式，动之以情，晓之以理，使他们信服。

在外交对话时，应不卑不亢，有礼有节。面对对方的挑战性问题，要沉着冷静，进退有度，不要一味防守，要适时反击，变被动为主动。当然，一切的前提是对自己和自己的国家充满信心和信任。

一

人权问题，这是同欧美打交道常遇到的问题。

2006年参加德国的研讨会，到达的当天晚上，主人宴请我们，第一个问题就是“公民的政治权与公民的生存权哪个重要?”

我调整内心的情绪，以尽可能温和的语气说，你们德国果然是哲学家的故乡，宴会还没开始，就要进入哲学问题的讨论。那好，请允许我先讲一个故事。我说上个世纪30年代，在我国文学界曾发生过一次很有意思的争论：人生的第一本能究竟是需要爱情，还是需要吃饭?我国现代最卓越的文学家鲁迅先生说，每一个婴儿出生，第一个动作，就是哇哇大哭，然后嘴巴不断动作，他需要什么呢?他是在寻找母亲的乳头，说明他的第一需要是吃奶，婴儿嘴动并不是在寻找异性，有接吻的需要。听者哈哈大笑。

接着，我回答他们的问题。我说公民的政治权与公民的生存权都重要，但生存权是第一位的，特别是发展中国家的老百姓，千千万万人还饿着肚子，首先要吃饭。是新闻自由重要还是吃饭权重要?首先吃饱饭，才有力气去写文章，去发表演说。是选举权重要还是吃饭权重要?首先要吃饱饭，才有精神去发表竞选演说，才有力气到选举区去投票。所以说生存权是其他无数权利的基础。饿着肚子是什么权利都谈不上的！你们发达国家的朋友们，是饱汉不知饿汉饥，我希望你们更多地关注发展中国家的生存权问题，这叫做“雪中送炭”！德国朋友们听了热烈鼓掌。这场本来预料在正式研讨会上才会发生的问题，就这样完结。大家高高兴兴吃饭。

## 二

有比人权问题更尖锐的问题，有时甚至有“白热化对话”，碰到这种情况，要设法化对抗为和解。

1998年我率领中国国际交流协会代表团访问美国，在美国参议院和参院的谋士们座谈，一个以反华著称的参院领袖的第一笔杆子，一坐下来第一句话就质问：“苏联的社会主义垮台了，你们为什么还坚持社会主义？”

我盯着他的脸反问他：“中国走什么道路是要由你决定，还是由中国人民决定？”他涨红着脸无法回答。我接着说：“我们是你们的客人，不是来接受你的审问的！”顿时气氛紧张起来。对方主持人为了缓和气氛，立即对客人表示欢迎，并愿意同我们认真地交换意见。

我接着说：“现在每天的电视新闻都有关于卢旺达、安哥拉难民的报道，数以万计、十万计、百万计的难民流离失所，家破人亡，鸡犬不宁，你们美国人仅仅是把它当作新闻来看，你们知道吗，我们中国人是把它当作历史看哪！今天中国人的父辈祖辈就和这些难民一样，甚至更加悲惨！你们美国人能体会得到吗？”我以简明的事实和数据说明社会主义在中国是历史的选择，是中国人民的选择。我们尊重你们美国的选择，你们也应当尊重中国人民的选择。

1998年4月同美国参议院“精英”口水战后，在美方朋友陪同下，到户外散散步，照张相，一来舒展一下，二来留个纪念。

这些美国“精英”感到理亏，无话可说，接下来的对话才归于正常。当时中国代表团的翻译不够，我们请了一位优秀的留美学生来帮忙，她在现场听了痛哭失声。会后她找到我说：“我一定加倍努力，学好回国，报效祖国。”

## 三

有个别情况，对话陷于胶着状态，要设法摆脱纠缠，友好收场。在丹麦，我就遇到类似情况。

一个重要政党的国际书记，同我们会谈并吃饭。他收集了一个问题单，叽里旮旯的问题一大堆，而且我们回答，他不大耐心听取，听了也不信。我们想谈点儿宏观的内容，可是他一个问题没弄明白，接着又提一个，谈话已进行三个多小时，他还是这样，让我们围着他的问题单打转儿。

他又提出一个问题："你们的长江三峡工程，为什么用军队驱赶移民？"我反问他："是你看见的？"他说："报纸有报道。"我问："哪家报纸？"他说："好些报纸。"我说："我是中国人，我怎么没看见过，也没有听说过有中国军队驱赶移民！"

他接着又提一个问题："你们在拉萨盖的高楼，破坏了西藏的文化，为什么要在西藏盖那么多房子？"我反问他："你们哥本哈根为什么盖这么多高楼？"他不回答，准备再提问题。

我想摆脱纠缠，有理有利地结束这场聋子的对话。我继续说，丹麦是世界著名童话家安徒生的故乡，他的童话《皇帝的新衣》在中国家喻户晓，那位皇帝明明光着身子，他却说自己穿着漂亮的新衣，别人也跟着那么说，后来一个三岁的小孩才讲出真话。我们今天的对话，也好像是这个童话，书记先生很像那位皇帝，我是那个三岁的小孩。中国没有的事情，怎么在你那里都有？这似乎印证了西方一句有名的谚语：偏见比无知离真理更远。希望书记先生到中国看看，百闻不如一见。

这位书记显得有点儿尴尬，其他人则笑眯眯鼓掌点头。我们起身告别，书记握着我的手连连表示“一定要去中国！”

1993年3月，丹麦，在安徒生的故居留个影很有意义。这位世界著名童话家给人类留下许多宝贵的精神财富，《皇帝的新衣》就是其中之一，它揭示了人们心灵深处潜藏的一种奇怪的秘密，相当普遍，似乎处处可以感觉，但似乎又看不见摸不着。

## 四

有的问题，从一个角度不能使对方理解，可以换个角度，往往产生柳暗花明的效果。

小泉在日本主政那几年，参拜靖国神社成为中日之间的一个斗争焦点。许多外国朋友不大理解，认为过去的事情了，中国怎么还揪住不放。有的朋友还表示希望中国要放大度一点儿，不必这么小气。我会见欧洲议会的朋友时，他们也表达了类似的想法，说欧洲当年受德国战祸的国家，早已摒弃昔日仇恨，回归友好，希望亚洲也能这样。

我按照正规的口径向他们解释，他们不能信服，认为参拜神社只是日本的传统，政治家为了选票应当得到理解。

后来我换了一个角度。我说各位都是来自当年希特勒发动二战的受害国，二战过去多年了，大家都友好相处，这很好，也很对，这是欧洲的成功之处，值得称赞，也值得学习。德国是中国的友好国家，我绝无冒犯德国之意。恕我冒昧做一个假设，如果德国建一个神庙，或者就在柏林的大教堂里，供奉希特勒，还有格林、戈培尔等二战战犯的神像，还配有他们发动战争的事迹，德国的总理和部长、议长和议员每年去下跪参拜，并且不听当年受害国的劝告，坚持不懈这样拜下去。不知各位会有何感想？

我这一问，没有一个议员吭声。沉默片刻，他们纷纷表示对中国立场的理解，谈话顺利地展开。

## 五

同外国朋友对话，有时不是直去直来。有些朋友出于礼貌，或出于谨慎，常常是提东问西，他想了解的东西实际在问题之外。我们必须弄清问题的本意，方能指东答西，有的放矢。

2005年全国政协外事委员会接待中美洲一个国家的选举委员

会主席，他对中国的发展感到非常吃惊，他提了一个问题："中国在历史上的强盛时期，同世界是一种什么样的关系?"看似问历史，实际他想了解中国强大以后的对外走向。

我回答说，中国在历史上的强盛时期，都是对外最开放的时期，也是对外关系最友好的时期。我讲了丝绸之路的故事，讲了唐朝高僧取经的故事，讲了郑和下西洋的故事。通过交流，中国向其他国家传播了丝绸、瓷器、茶叶等中华文化，也吸收了外国的优秀文化成果。例如佛教起源于印度，发扬光大于中国，佛教的引进是中国历史上最大的一次外国文化引进，这种交流对双方都非常有好处。我相信中国经过几代人的努力未来一定会成为一个世界强国，但它将是一个和平的强国。回顾两千多年的历史，中国从来没有称霸世界的欲望，也没有海外殖民的历史。郑和七次下西洋，一直到达地中海、东非和南非，但一块土地都没有霸占，没有掠夺任何财富。中华民族在历史上是一个和平的民族，将来还是和平的民族。中国今天对外交流就是本着互利双赢的精神。

他听了非常惊异，说："中国的历史竟是这样的不同，令人感动！西方担心中国的强大是没有根据的。"

## 六

2002年我陪同全国政协一位副主席访问巴西。某州领导人和我交谈，提了一个问题："中国古代发明指南针和火药，在历史上对于中国开拓对外关系起过什么作用?"

我感觉他提的问题是用了心计的，实际上他是想了解中国强盛后的对外政策。于是我告诉他，指南针对航海事业可能起过一些作用，但古代中国基本上是个内陆国家，指南针起的作用有限。后来，西方国家将指南针应用到航海上，“发现”了美洲新大陆。至于火药，在中国历史上主要有两个用途，一是做鞭炮祭鬼神，二是做烟花供人们娱乐，逢年过节凡有喜庆的日子，都燃放烟花。中国古代对外关系史上从来没有“火药味”。有火药味是在近代，是欧洲人利用火药做枪炮打进中国，中国人还在用大刀长矛甚至赤手空拳同他们对抗，就像当年美洲印第安人对付皮萨罗（Pizarro）和科尔特斯（Cortés）一样。我说，中国人发明火药一两千年，还不知道可以做枪炮，后来向欧洲人学习造枪炮，这是近百年的事情。结果，中国死了很多人，赔了很多钱，丧失了很多领土，变成了西方列强的半殖民地。

这位领导人连连说“原来是这样”，说他们对中国历史知道太少，只知西方，不懂东方，非常抱歉！

## 七

同大众对话，要懂得当地人的心理，以心会心，沟通起来，会达到心心相印的效果。我曾经到巴西里约热内卢某学院介绍中国情况和对外政策，到场的听众坐满阶梯教室，主要是大学生，也有不少教师，他们提了不少问题。

有人问：“中国为什么要制造原子弹？会不会使用原子弹？”

我回答说，你提的这个问题很大，但道理很简单。打个比方说，现在有强盗手里拿着大刀，对我构成了威胁，我需要打一把大刀来保卫自己，有了这把大刀放在枕头边，睡觉就感到安全一些，原子弹就起这样的作用，它的意义不在于使用，而在于拥有。中国永远是个爱好和平的国家，中国不会首先使用原子弹，但是中国不能没有原子弹。

台下又有人提问："你说的强盗指的是谁？"

我回答说，我没有指任何人，我是在做比喻，强盗这个词汇在葡萄牙语字典中有明确的解释，请你去看一看，就会很清楚的。

继续有人问："我们巴西没有原子弹，你认为巴西安全吗？"

我回答说，明天我就要离开你们美丽的巴西，你们安全不安全，我不知道，这完全是你们的事情，你们自己继续讨论吧。

会议结束时，台下一片笑声和掌声，许多学生围上来交谈，有的学生告诉我，他喜欢中国人的谦逊。我在介绍中国的成绩时，也讲存在的问题，讲我们同世界的差距，特别强调巴西值得我们学习和借鉴的长处和经验，他们心和我们相通，对我们比较容易接受。

# 老朋友新关系

有许多历史的恩恩怨怨，当时似乎“不共戴天”，回头看不过是“无名之火”。曾经的朋友变敌人，如今又由敌人回归朋友，老朋友新关系格外可贵。放下仇恨，换来正常的关系，对个人对国家的健康都同样重要。让过去像风儿吹散乌云，立刻就会有晴朗的天空。

新时期党的外交工作调整，是从恢复同各国共产党关系开始的。

上世纪60年代，以苏联共产党为中心的国际共产主义运动，爆发了一场大论战，主要在苏共和中共之间展开。当时苏共“为首”，行为类似“老子党”。

全世界81个共产党卷入这场大论战，包括拉丁美洲22个共产党。中国同古巴之间也有过激烈争论。绝大多数共产党站在苏共一边，这些所谓“修正主义”党，同中共中断关系长达二十多年。

墨西哥共产党（后改名统一社会党）是拉美第一个同中共恢复关系的“老党”。维尔杜戈很长时间担任这个党的总书记。1984年我参加这个党的党节，为两党恢复关系探路，他一直陪同我们。随后他们应邀派出以新任总书记戈麦斯为首的代表团访华，实现了两党关系正常化。

大论战实际延续到中国文化大革命结束。党的对外关系调整，首先是恢复同“修正主义”党的关系。

80年代初，在拉丁美洲我们挑了几个影响比较大的老党入手。一个是巴西共产党，我率团去参加他们的党报节，把关系接上；一个是乌拉圭共产党，我代表中联部出席他们的代表大会，就恢复两党关系进行了会谈；再一个是墨西哥共产党，我带人先参加他们的党节，然后邀请他们派代表团到中国访问。

墨西哥共产党（后称统一社会党）主席巴勃罗·戈麦斯率代表团访华具有标志性意义。那是1983年1月，胡耀邦总书记会谈，邓小平会见宴请。从此恢复同拉美各国共产党关系的工作全面展开。

胡耀邦会见前，张致祥副部长和我向他简要作了汇报。我说墨西哥是拉美大国，统一社会党是个老党，在中苏论战中表现比较温和，历史上同我党关系友好，现在同我们恢复关系积极主动，他们听说总书记要会见非常高兴，对这次会见抱有很高的热情。张致祥还讲了我们前年访问墨西哥的见闻，说墨西哥很重要，执政党革命制度党对中国很友好，这个国家很值得做工作。

就在当天下午，胡耀邦非常热情地会见了戈麦斯一行，同他们就国内外形势、国际共运和两党关系等问题交换意见。双方确认建立两党友好关系。胡耀邦强调：我们两党是平等的关系，“老子党”不行，要把“老子党”、指挥棒统统扔进垃圾堆。戈麦斯表示完全同意。

邓小平在戈麦斯一行离华前，会见并宴请他们。张致祥和我引见客人。会见和宴请隆重而亲切。邓小平指出：国际共运历史的根本经验就是各国党根据自己的情况独立自主决定自己的事情。各国党自己决定自己的道路，这就是独立自主。他说：中苏大论战，有一条我们是做对了的，那就是反对“老子党”，其他都是放空炮，要“一风吹”。戈麦斯同意邓小平的观点，邓赞赏戈年轻，说我们党的领导人，也应当年轻化，现在已经提出这个问题。

胡耀邦、邓小平会见戈麦斯一行，在轻松愉快的谈话中，解决了大论战后恢复同共产党关系面临的两大问题：一是如何结束过去，二是如何面对未来。他们的谈话指明了过去的就让它过去，要“一风吹”，像风扫残云。独立平等的未来，将是一片晴朗的天空。戈麦斯明确地赞同中共的这些主张。这就树立了一个闪光的标杆。

在中苏大论战中，拉美二十多个共产党都站到苏共一边，其中一个重要原因是，在长期的国际共运活动中，他们已经习惯听从苏共的指挥，许多党并不在意中苏分歧的内容，而在意究竟站在哪一边更合乎国际共运的规矩。胡耀邦、邓小平的这次谈话，解除了这些想要恢复关系的老党的最后疑虑。也可以说，这两句话似神来之笔，使昔日轰轰烈烈的大论战从此成为过去，中共同拉美以及全世界共产党的关系日趋正常化，并建立在逐步完善起来的崭新的独立自主、完全平等、互相尊重、互不干涉内部事务的新原则基础之上。

# 外交活动新空间

以开放的姿态与人交往，你会发现，你的朋友正在变得越来越多，你的生活越来越多姿多彩。对于国家来说，你会发现，我们的国际环境正在变得越来越好，我们的国内发展条件越来越改善，我们在世界的地位也越来越重要。

党的外交关系扩展到非共产党，就是这样一个不断开放的过程。由于意识形态的差异，开始的时候，他们对我党不了解，有种种疑虑，我们对他们也不熟悉。在拉丁美洲经过一段时间的摸索，以委内瑞拉基督教社会党访华为标志，我党同拉美各类政党关系逐步展开。

1980年10月，以总书记费尔南德斯为团长的委内瑞拉基督教社会党代表团访华，中方接待十分隆重，李先念副主席主持会谈，胡耀邦总书记会见，华国锋主席会见。

伊图尔贝曾任委内瑞拉基督教社会党国际书记、基民党国际拉美地区组织书记，是虔诚的天主教牧师。我们是亲密的朋友，这是1997年相见的情景。

华国锋主席会见前，张致祥副部长和我去向他汇报。张扼要地汇报了两天来代表团分别同胡耀邦会见和李先念会谈的情况后，华国锋问我有没有什么补充，并问：基督教社会党是不是一个宗教性的政党？我说：基社党不是宗教政党，而是以基督教教义为精神支柱，实际上实行的是民族主义和民主主义，是委内瑞拉两大传统政党之一。另一个党叫民主行动党，两个党长期轮流执政，基社党在内外政策上相对保守一点，在国内有比较大的影响。他又问：基督教社会党在国际上有什么影响吗？我说：基社党在有的国家叫天民党（天主教民主党），是国际性的政党，它们的国际组织总部设在欧洲，拉美地区组织就设在委内瑞拉，除了委内瑞拉外，信奉基督教民主主义的政党在其他南美国家和中美一些国家都有比较重要的影响，有的还是执政党，有的曾经执过政。华国锋还问到同其他地区执政党的工作情况。张致祥说：

前一阶段对非洲国家执政党的工作已经有较大进展，对拉美的工作现在正逐步展开。华国锋说：我们同这些重要政党建立关系，这非常好。现在我们同美国关系形势不错，同亚非拉的关系应当进一步发展，多交一些朋友，把党的关系扩大到全世界，对我们会有很大好处。

华国锋对来自远方的客人表示欢迎，说你们是来自拉丁美洲第一个基督教社会党的代表团，认识你们非常高兴。代表团团长说，我们这次在中国几天的访问，发现虽然我们的信仰不同，但是我们有许多共同点，我们已经向国内发了消息，我们党的全体领导，包括共和国总统，对我们这次访问成功表示非常满意。华对两党会谈取得圆满成功表示祝贺，并希望两党之间今后关系得到进一步发展。会见时间不长，客人起身告别，华送他们到大厅门口。

委内瑞拉基社党是拉美地区第一次派团访华的非共产主义执政党，虽然在这之前，拉美个别民族民主政党的活动，我们曾经有所接触，但是作为两个政党的正式关系把他们请进来，这在过去是没有的。而他们阵容又很整齐，由总书记率领，有党的副主席、组织书记、宣传书记、国际书记以及党的全国领导其他重要成员。我们党出场的规格也很高，谈的问题非常广泛，胡耀邦总书记全面介绍了我们党的情况，李先念副主席谈了国际形势、国际关系、对外政策以及国内经济状况，彭冲副委员长谈了中国人大和政治体制建设。对方也很全面地介绍了委内瑞拉面临的国际形势、国内形势、他们党的政策。双方取得了比较广泛的共识。他们在人民大会堂同李先念会谈期间，会谈还在进行，他们立即同国内通话，报告会谈很成功，说中国共产党是一个开放的、开明的、进步的政党，应当同这个党建立长久的关系。

中国共产党同委内瑞拉基社党正式关系的确立，标志着我们党在拉丁美洲从此走出了只同共产党交往的历史，而以一个开放型的政党，面向全拉美。经过几年的努力，到90年代，同包括基督教系统的政党、社会民主党系统的政党、自由党、保守党以及各种政治色彩的主要政党的关系都逐步展开，并延伸到基民党国际、社民党国际等各类政党的国际组织，也以不同形式开始展开，基本形成全方位、多层次、广覆盖的政党关系，使我们党的朋友遍布全拉美。

1990年10月乌拉圭红党领袖豪尔赫·巴特耶第一次会晤中国共产党代表。他说："红旗是我们红党首先举起来的！你们共产党是学我们的！"我说："红旗是我们共产党首先举起来的！你们红党是学我们的！"经过友好讨论，达成共识："我们两党互相学习。"

# 欠魔术师一个吻

在与人相处的过程中，有时会面临突发事件，也可能是误会。当误会发生时，我们要善于根据当时的情况及时地调整自己的心态和现场的气氛，有时甚至要采用曲线的方式逆转事态。

拉丁美洲人热情、开朗、豪放，即使有些小事，也会使你感受到人间的真善美情怀。但是拉美人同我们的文化传统和生活习惯不同，我们要呵护友谊，不要因误解而伤害感情。

在改革开放初期，我陪拉美某国议员代表团到南方一个城市访问，看了一场杂技，其中有个节目叫“大变活人”。台上放个大木头箱子，魔术师需要台下一位观众协助表演，我们团中的B议员自告奋勇应邀上台，按照魔术师的交代，当众开箱检查空无一物，再用绳子将一位年轻女演员反手绑好，帮她躺进箱子，然后关严，用一把大锁锁紧。随后，有两个工作人员抬出一个蚊帐似的东西，把箱子连人罩在里面。接着魔术师钻进蚊帐，将头从蚊帐口伸出来，请B议员听到他喊一二三口令时赶紧用手抓住他的头发。一切就绪后，当B议员如此这般伸手一抓，抓住的竟然是被锁在箱子里的那位女子的头发，而打开箱子一看，锁在里面反绑着手的却是魔术师本人。B议员亲眼目睹发生在几秒钟内的这一切，一时惊得目瞪口呆，突然他似苏醒一般，高兴地抱住那位年轻女子，不断亲吻她的头部和脸部，不料引起一场纠纷。

这时，两个工作人员立即过来，拉住B议员的两只胳膊，魔术师也上前，指手画脚对他说些什么。因为语言不通，台上出现混乱。我赶紧跑上台，问怎么回事？演职人员说：“这个外国人要流氓！”“非要他赔礼道歉不可！”B议员则拽住我的手，着急地问：“出了什么事？”

我首先好言相劝演职人员，说B议员是拉美朋友，在他们国家，这些动作都是表示高兴，是对你们演出成功的祝贺，请你们先让他下去，有什么意见，我们过后慢慢讲。同时我拉着B议员离开舞台，随口编造说：“没什么事儿，他们感谢你的协助。”

回到座位后，其他朋友都问：“出了什么事？”我想重复上面那句简单的瞎话他们肯定不信，如果让他们知道真实情况又太令人难堪了。我知道拉美人喜欢说笑话，于是开了一个玩笑，我说：“你们的同胞亲吻年轻女士，引起魔术师的嫉妒，他想知道为什么不吻他，因为他是主要演员呀！”

“是吗？难道中国有这种习惯!？男人吻男人在我们那里可叫做同性恋!”拉美朋友惊奇地问道。

“那我是否应该再上台吻一次魔术师呢？”刚下台的B议员睁大眼睛严肃地问我。我没想到会陷于难以自圆其说的困境，只得临时应对，继续编下去，我说：“我认为大可不必了！回家后，魔术师的夫人会亲吻他的！你就免了吧!”

不料这句话却引起朋友们的窃窃笑声，我做了一个请他们安静下来的手势，让他们继续看节目。杂技演出结束后，代表团笑声四起，所有议员朋友都拿B议员开玩笑，说他“只顾亲吻美貌女孩，忘了魔术师!”“真不像话，欠魔术师一个吻!”一连几天，这都成为笑柄，B议员也反唇相讥说：“你们同情魔术师，因为你们都嫉妒!”“我真后悔，没有多吻几下那可爱女孩，气死你们才好!”听到他们的爽朗笑声不断，我也感到意外的快乐。

# 飞机上的哄堂大笑

在对外交往中，不论何时何地遇到任何情况，既要保持友好，又要保持尊严，但又可以使用适当的幽默和诙谐的语言使交往取得理想的结果。

有一次我们几个人乘坐智利航班，看到机上餐具刀叉特别漂亮，式样可爱，做工精细。有同志吃完饭后将刀叉擦干净，就想塞进自己的包里去。我觉得这样做不大妥当，就说："这样吧，咱们是不是向他们明要，如果他们肯给，那最好；如果不肯给，就拉倒！"大家点头赞成。

等一位航空小姐过来，我对她轻声说："小姐，我的朋友们实在太喜欢你们这里的餐具了，他们说坐了许多的飞机，就数你们航班上的刀叉最漂亮。他们想带回去作个纪念，你看行不行？"

航空小姐听完后很是高兴，于是愉快地回答道："好，但是请等一会儿，我去问问机长。”

不一会儿，她走向我们，满面笑容地说：“我们机长说了，在这个飞机上，除了飞机以外，客人想要什么都可以拿！”空姐回答的声音响亮干脆，听到的人都发出了笑声，还有人鼓掌。我想，机长同我们开了个大玩笑，我也得同他开个玩笑。

“小姐！”我叫住空姐，认真地对她说：“谢谢你们的机长！请告诉机长先生，我看这个飞机上的空姐都很漂亮，我们一人想带走一个，请问行不行？”这位空姐一听哈哈大笑，一边走一边大声说：“中国人说我们空姐漂亮，他们一人想带走一个！”她的声音高亢而激动，许多乘客都能听到，顿时引起哄然大笑。

与波兰小朋友在一起。1989年9月波兰政权更迭，举国上下政治波涛汹涌。唯独孩子们不失天真，高兴地欢迎我们，虽然他们不知道中国在哪里，却听老师说过，中国是他们的朋友。

“光带走空姐不行，还必须带走机长，否则她们没有保护神！”机长走出来笑着同我们握手，送给我们每人一套刀叉，还一边这样说着，又引起一阵笑声。飞机内一时充满意外的欢乐。

# 下次还你一双完美的鞋子

在朋友陷入窘境时，一次善解人意的解救能使人感激不尽，也能使彼此的友情更加深沉，使心与心之间的距离更加贴近。

我不会跳舞，曾在拉美遇到过尴尬的场面。有一次在中美洲某国，C先生和夫人设家宴招待我们，随后有家庭舞会，市长和夫人以及当地的社会名流出席。开始我和主人夫妇及市长等要人在一旁观看，舞会进入高潮时，女主人邀我跳舞，她身着晚礼服配一双黑鞋，满面笑容。我推辞说："很抱歉，我不会跳舞。"虽然我知道这有点儿失礼，但与其上场出洋相，还不如干脆推辞为好。可是主人和市长一同笑嘻嘻把我推入场内，主人还拍拍夫人的肩说："她是行家，她可以教你，我跳舞就是她教会的。"我硬着头皮接受了她的邀请。

没想到女主人和我刚进场，场上的舞友们就向四边闪开，使我们两人处于整个舞会的中心，我的脑子“嗡”地一声，心想：“这下可惨了！”

“请，别着急！”女主人带着我开步时，笑着这样说，大概已感觉我确实是外行。我僵硬的随她迈步，并努力使自己放松点儿，结果第一次踩了她的脚，我感觉周围可能有人在发笑。

“对不起！”我略带尴尬地向她道歉。心里后悔没有学会跳舞。

“不要紧！”她笑着鼓励我。我想回话，结果又踩了她一脚。

“哎呀，我这个学生真是太差了！”我再次对她表示歉意。

“现在不是打分的时候！”她几乎要笑出声来……

我正想说点儿什么，突然感到音乐变了节奏，刚才是快步曲，变成了慢四步，我心里一阵高兴，因为我在大学时曾学过慢四步，虽然没有完全掌握，并且隔了这么多年，但是毕竟懂一点儿，我的步子也随着放慢。

“好！就这么走！”女主人这样鼓励我，我亦步亦趋随着她。

“加油！”她为我不断地打气。我也告诉自己：“决不能放弃！好赖坚持跳完这一曲。”待乐队一停，我如释重负地向她鞠躬致谢，并向所有舞友鞠躬，大家热烈鼓掌。女主人送我回座位，C先生伸出大拇指说：“好！能挑战跳舞专家！”他笑着问夫人：“这个学生怎么样？”

“成绩单就在我的脚上！”夫人笑着说：“不简单，他很快改跳慢四步！”

“感谢夫人，是慢四步帮了我的忙，否则你这双鞋体无完肤！”我问她：“为什么舞曲会突然发生变化？”

“你应当感谢他！”她指着丈夫说：“是他指挥乐队换的曲子。”

“你怎么知道我会一点儿慢四步？”我惊奇地问C先生。

“我哪里知道你会什么，我是看你遇到麻烦，临时叫乐队改奏一支容易的曲子。”他这样解释，笑得很开心。

“万分感谢！”我说，并转向夫人：“往后我要学会跳舞，下次还你一双完美的鞋子！”

“这双鞋我将不擦不洗，留作永久纪念！”夫人这样说。

“她有的是鞋，这双鞋最值钱!” C先生比夫人更爽快，他俩和看席上的朋友们笑声不断。那是一个令人意外欢乐的夜晚。

我不会跳舞，可时不时遇到不可抗拒的场面。这是1992年7月在中美洲朋友家，又是一位女子热情邀我上场，除了接受挑战，没有别的选择。

# 斗　牛

在自己不喜欢的场合，对朋友保持礼貌，非原则问题要克制。

我不喜欢看斗牛，当着斗牛迷的面，在斗牛场现场我也毫不掩饰地这么说。他们问我为什么？我回答说：不知道。我如果试图说清楚，最后很可能会吵起来，甚至打起来，我准会吃亏。因为那种狂热场面，比看世界足球杯联赛得了冠军还要亢奋，你敢当着球迷们的面，批评他们心中的偶像球星？

我看过两次斗牛。第一次在哥伦比亚，是应热心的主人、某党总书记W先生的邀请。我的座位被安排在主人和他夫人的中间，属于整个会场的最佳位置。主人年轻英俊，夫人靓丽秀美，郎才女貌，非常热情。从他们的言谈话语中，从他们狂欢的专业表现，我看出他们是正宗的斗牛迷。他们在狂欢之际，偶尔拿眼睛的余光看我，大概是提醒我，他们很高兴同我分享斗牛场的欢乐。气氛稍微冷却一点时，夫人不忘问我："喜欢吗？"我真不好意思回答，但是我又不愿对朋友说假话，只好硬着头皮说"不喜欢"。我看女主人脸上的笑容马上消失了，男主人倒是为我开脱，说多看看就会喜欢的。我顺水推舟地说："是的，我不大懂斗牛！"我出于礼貌，有时也跟着站起来、坐下去、举手、挥拳，虽然不呼喊，不扔"心爱物"如手绢、帽子、鲜花等等，内心没有激情，但脸上常有笑容。男女主人没有看出破绽，对他们的安排和客人的表现感到满意。

1993年9月，瑞典，斯德哥尔摩。在诺贝尔墓前，向这位世界科学巨擘致敬。他是瑞典最著名的科学家，并创立后来成为国际最高荣誉的诺贝尔和平、文学、物理学、化学、生物学五项奖金。

另一次在西班牙，这次是陪中央某领导同志。上次哥伦比亚朋友带着几分自豪地说，他们那里的斗牛最"正宗"。我很理解他们的心情，这就好比在中国，天津人说京戏天津最"正宗"。

这次到了斗牛的发源地，尽管我不喜欢，还是去看了。

斗牛场容纳四万人，座无虚席。我们到得稍晚，挤了半天才进入座位。

斗牛共分六场，三个斗牛士，每人斗两场，每场一头牛。

在介绍完斗牛士和健牛的身高、体重、年龄、个性后，只看到健牛从牛栏里冲了出来，背上已插有一把匕首，此时初受伤痛，不仅暴跳如雷，而且体大气粗，雄纠纠气昂昂，横冲直撞进入斗场，有几个助斗士从四面八方抖动着粉红色斗篷挑逗，气得它东奔西跑，体力渐耗，锐气受挫。

接着，两个连人带马全付披挂铠甲的骑士上场，马的眼睛蒙上黑皮，骑士手持锐利的长矛，由助斗士将牛引诱到骑士的近处，骑士乘势将长矛刺入牛背的大动脉血管，顿时血流如注。伤牛试图报复，猛撞骑士，却被助斗士们诱骗，东冲西撞，气喘吁吁。

随后，三个小丑打扮的人物轮番上场。每人将两根头带倒钩的标枪插入牛背两侧，共有六根，标枪外面裹缠着不同色彩的布条，在牛背上显得花花绿绿，与喷流不止的鲜血相映。伤牛奋力向小丑们左冲右突，都被助斗士引开，此刻气急败坏，便溺失禁。

如此折腾之后，真正的斗牛士出场了。观众们一阵狂呼，只见他身穿富丽堂皇的斗士服，手持鲜红斗篷，同已经遍体鳞伤的对手来往周旋。困兽犹斗的残牛，不断地攻击挑逗它的红布，即使前肢扑倒，挣扎起来仍旧继续顶撞，如此无数次地扑空，直至精疲力竭。极尽表演之能事的斗牛勇士，这时潇洒得意地拔出利剑，从残牛的背部瞄准直通心脏的穴位，一剑刺去，残牛立刻七窍流血，倒地之后仍作最后的反抗，死不瞑目。

裁判终于出场了。他俨然是崇高的法官，最注重斗牛士的最后一刺，以此作为评价竞技水平的重要标准。我们看了两场。第一场终局：斗牛士一剑刺中要害，将牛刺倒；第二场终局刺了好几剑，第一剑未刺中，剑被牛弹落地下，第二剑插入牛背，但未命中心脏，斗牛士又从牛背拔出剑，在牛头部连刺三四下牛才倒下，仍不放弃反抗，而被活活扎死。

等到退场时，有人割下牛耳，奖给优异的斗牛士，失手者不可“执牛耳”，只能干瞪眼。马夫进场，将牛尸拖走。斗牛士绕场一周，左手挥帽，右手扬剑，全场欢声雷动，并将鲜花、手绢、帽子、腰带、水壶、背心、手套、坐垫等等一切“心爱之物”，抛向“心爱之人”——斗牛勇士。此时看台上若有勇士的亲人在场，必是热泪盈眶，飞吻频频。

我们退场时，看到人们在清场，在准备下一头健牛，在等待着一场新的狂欢。

我真哀于牛的愚悍，更耻于人的狂欢。我不知座席上的观众为何如此振奋呼天喊地，他们是为牛叫好，还是为斗牛士加油？我真不明白，这种既残忍又不公平的“竞技”，为什么在以文明自豪的国度却能经久不衰，而且推广到遥远的拉丁美洲！

拉美其他国家也有斗牛，有的如墨西哥、委内瑞拉斗牛也很“正宗”，而且优秀的斗牛士在国际上巡回演出，好比“球王”在世界踢球一样，曾多次有朋友请我去看，不论“正宗”与否，我一概婉言谢绝。

关于斗牛的历史，我没有做过考察，只是听过一些传说。其中我感到比较合理的解释是“古代斗兽说”。古代欧洲，国王和贵族有一种娱乐方式，就是让奴隶或犯人同野兽搏斗，包括狮子、老虎，牛可能是其中之一。但是，那时的斗兽，人和兽无条件决斗，人九死一生，类似死刑。现在的斗牛，完全按照人的安排，把牛活活折腾死，绝无生还希望，恰好是反古道而行之。古代是对人的残忍，现代是对兽的残忍。

我查了西班牙语词典，“斗牛”一词分名词、动词、形容词等，除了斗牛本义外，已经演化包含多义，其例句如下：

“逃避”：酒鬼在公路中间逃避各种车辆。这里“逃避”一词就用“斗牛”。

“躲避”：自从他负了债后，他就躲避债权人。“躲避”一词也是“斗牛”。

“捉弄”：这些孩子在捉弄他们的祖母。“捉弄”就是“斗牛”。



“折腾”“烦扰”“轰赶”等义：这孩子也太不像话了，简直把他妈给折腾死了。“折腾”用“斗牛”一词确实近乎恰当。

但是，大凡介绍西班牙古老、独特文化传统和旅游知识的书籍，多把“闻名于世的斗牛”列为推荐之首。我喜欢西班牙文化，但是斗牛例外。我不是宠物协会会员，既不想得罪斗牛迷们，也不想讨好牛哥儿们。我只保持我自己的见解，我的确不愿看到血腥的场面，这种血腥无论是人类同胞之间的战争，还是人与动物的残忍决斗。

# 天涯访友

在交友的过程中，总会遇到各种各样的考验。那些遇到了一点点挫折就退却的人，是交不到真心的朋友的。

交友不畏远征难。在国际上交朋友，有很多乐趣，困难也不少，有些难以预料的困难，在克服之后，也成为意外的乐趣。我们到过世界的“天涯海角”，那才真叫远呢！

1995年7月，我们经历了一次艰难之旅。我率领中联部一行六人，出访拉美三个未建交国家。先要访问中美洲的洪都拉斯和尼加拉瓜，这两个国家先前我们去过不只一次，情况比较熟悉。然后，要首访多米尼克联邦，这是一个我们完全陌生的加勒比海边远岛国。

尼加拉瓜现总统奥尔特加是桑地诺民族解放阵线领袖。我多次访问他的国家，都能见到他。这是1995年7月在他的办公室，他对中国的发展变化很关注，提了不少问题。2007年我率全国政协外委会代表团访尼，他同桑解阵中央全体常委会见我们，对中国寄予很大希望。

中美洲离我们遥远，而且交通不便。那里国家都不大，航空公司实行联运制，像公共汽车那样，飞机每到一国（站）都要停，常常发生飞无定时、机无定座的情况，又是我国无使领馆区域，所以我们的出行也就多了很多风险。

我们从第一站洪都拉斯访问后，要到尼加拉瓜，中间需过境萨尔瓦多。那时办理到未建交国签证很麻烦，洪都拉斯签证是到香港办的，尼加拉瓜签证是到法国办的，而萨尔瓦多因为过境停留不出机场，所以没有办签证。到了萨尔瓦多机场，有一位华裔面孔的人过来，要收我们的护照，我们代表团由礼宾局局长杨茂山集中管理护照。他并没有将护照直接给那陌生人，而是以外交人员特有的风度礼貌地问道：“为什么要收我们的护照？”

“要检查签证！”那人拿捏官方的口气。

“为什么不检查别的乘客？”

“重点检查你们！”那人气势逼人。

“你是什么人？”

“我是机场的。”他有点儿迟疑。

“机场无权检查签证！”我们理直气壮地说，并追问：“你究竟是哪个部门的？”

“我，我是移民局的。”他有点儿发软。

“请你出示证件！并叫你们的上司出来说话！”代表团成员一起大声地说。

“好，好！我一会儿就来处理你们！”那人一边说着，一边退到办公区去了，直到飞机起飞，再也没有露面。我们分析有两种可能：一是经济勒索，利用我们没有外交援助进行敲诈；二是政治干扰，破坏我们的访问行程。或者兼而有之。

尼加拉瓜访问结束后，我们必须取道委内瑞拉，转飞机到多米尼克。那天早晨我们离开尼加拉瓜，途经哥斯达黎加和巴拿马，于晚上抵达委内瑞拉，在空中飞行三个多小时，但换了两次飞机，三上三下，一共花去十多个小时。在哥斯达黎加换机时，又发生了一场不大不小的风波。

我们代表团一共是六人，我走在前面，上了飞机，一看后面五个人都没有过来，我问怎么回事？机组人员说："飞机已经满员了，其他人要等下一趟。"他们说着马上就要关机舱门。

"你们不能关门！"我赶紧顶在机舱门中间大声说："后面还有五个人！"

"他们可以等下一趟。"机组人员这样解释。

"我们六人是集体过境，都检过票的！"我大声申诉，想让其他乘客能听见。

"他们不必再买票，机票下趟照样有效。"机长想劝我离开。

"不行！我们是一个代表团，有公务在身，下面有重要活动！我们不能分开！"我的义正言辞使得乘客议论纷纷，有几位乘客还过来打听。我对他们说："很抱歉，耽误了大家！但是我必须坚持！"我说："我们是一个代表团，机票是从出发地买的，在这儿过境，无故被分开，这是不合理的，我们有重要公务，如果耽误了，我们会因此遭到失业！”我真切地对他们说：“请各位主持公道！”拉美人害怕失业，我挑最严重的后果打动他们。

“会失业？那很严重呀！”果然一位乘客表示，显出关切的神态。

“确实很严重！可是航空公司不顾乘客利益，这怎么办呀？”我表现得无可奈何。

“我们愿意帮助你，你看怎么办？”另一位乘客这样问。

“我要求查票，肯定有人占了我同胞的座位！”我大声说了两遍：“我要求查票！”

“对，要求查票！”那位乘客也这样说。

“快查票！”“别耽误时间！”机上的乘客七嘴八舌地跟着喊。

这样一来，飞机上“打抱不平”的阵容不断扩大。与此同时，在候机室代表团的成员也在据理力争。在此形势下，最后有五个人灰溜溜地被迫离开飞机，我们代表团的成员终于全部回到了自己的座位上。后来了解，那几个人都是机组人员的亲戚朋友，被临时塞进飞机，以为“中国人无依无靠好欺负”，想拿我们的座位送人情。

委内瑞拉从地图上看，就在加勒比海的边缘上，但实际离多米尼克还很远！中美洲交通虽然困难，但是飞机有联运，只要买到票还是可以坐上飞机的。而加勒比海连联运也没有，你在这里从一个国家到另一个国家，即使是近邻，也要通过第三国才能到达，这个第三国主要是美国。因此，我们必须从委内瑞拉转机，飞越加勒比海上空，绕到美国在东加勒比海的自由邦波多黎各，再转机飞到圣马丁岛，这是法国和荷兰共治的一个岛屿，一半属法国，一半属荷兰，是国际旅游胜地，既有法国的泳场，也有荷兰的赌场，然后再转机飞多米尼克。

多米尼克只有700多平方公里面积，7万人口，是一个小岛，风光绮丽，据当地人讲有365条大小河流，游人如果每天在一条河边度过，就可以住上一年。岛上有泉水，有森林，属于热带气候，那里远离世界，是一个黑人占主体的国家，真是世外桃源。过去我们不了解，在这样的天涯海角，还有华人，而且发展得不错。我们之所以能来到多国，首先得益于两位华裔的帮助和推动，他们是时任多国驻香港的总领事董小姐和副总领事修维先生，他们对推动多国和东加勒比海国家同中国的关系抱着极大的热情。

华裔修维是多米尼克驻香港副总领事，后任圣卢西亚和多米尼克驻华大使。这是1995年8月，他同我们在法国和荷兰分而治之的海外飞地—圣马丁岛会晤。他安排得很周到，得意地说：这一下你们顺访了两个国家，可以同时领略一下法国和荷兰风情。

那时我们党同多米尼克工党有联系，工党是重要的在野党，主席名叫道格拉斯，他应我们邀请来过中国，对中国有一些直接和切身的了解，对中国的发展很敬佩，愿意积极发展同中国的关系。为了保持低调，他同我们商定先在圣马丁岛会面，交换意见环境宽松一些。所以他从多米尼克赶到圣马丁岛，我们之间谈得很好，对推动两国关系正常化提出了积极的倡议。随后，我们代表团到多米尼克岛，他又介绍我们认识一些政界、商界包括前总统、部长等人物，我们商谈了一些经济合作项目，因为我们带有广东的企业家。这次访问把我们同多米尼克的关系向前推进了一步。

总领事董小姐安排我们的活动全力以赴，她的哥哥董先生在那里开的酒店供我们吃住行，照顾得无微不至。副总领事修维先生不仅在多米尼克，而且同加勒比海其他国家也有很好的关系。他们对这些国家同中国的关系也起了积极推动作用，包括中国同圣卢西亚的关系正常化后，修维先生还担任了圣卢西亚驻中国大使。

回想这次访问行程中的点点滴滴，真是颇多感慨，像一次充满冒险的旅行，却又有无处不在的惊喜。人生的路大概也是这样，走起来总不是一帆风顺，可只要坚定地走下去，最终总能到达你的目的地。

# 做好每一次交流

让全世界的人喜欢中国，这应是中国外交工作者的终身使命。有缘与我们相遇的每一个外国人，都是我们的工作对象，既是我们解说中国的机会，也是我们聆听对方的机会。如果把每一次交往，都看成是一次难得的外交机会，我们不仅会用心去做，加深双方的理解，而且会更懂得外交工作的意义，更喜爱自己的国家。

我常问自己：我们做了一辈子党的外交工作，究竟怎么理解外交?可否把党的外交工作者比喻播种者，要把中国文化的种子播撒在我们到过的每一寸土地?

我曾经和许多人同住在一个大院，院子有零星的空地，我种了一种生命力顽强的小花，名字就叫“死不了”，每年春天花开五颜六色，非常好看。那时中国经济落后，花草树木很少，这个院子方显得特别可爱。院子门口是公交车站，等车的人常利用空隙到院里看花，有的人还采集花籽带回去种植。我有位朋友有感于花的美丽，居然采集了满满一信封，带回老家撒在小溪边，不料第二年小溪两岸万紫千红，乡亲们不知来由，以为是天降福兆，全村欢庆。



“死不了”这种小花给了我很好的启发。我在对外交往中，不仅重视在高层、中层交朋友，而且与基层的人民群众也有广泛的接触，不放过任何有利于解说中国的机会。

1991年10月到圭亚那矿工家做客，邻居也过来看热闹。小姑娘拉着这位中国叔叔的手，央求我们别走，我说你跟我们到中国去吧，全家欢呼。

1990年10月我们访问巴拿马，那时台湾势力很大，我们影响很小，中国大陆去的人很少，环境很不安全。我带领拉美局两位女同志应巴拿马省省长阿罗查邀请去访问，省长安排我住进省公安厅厅长平松家，他说没有外交关系，这里最安全。这是我第一次住进外国人家里，虽然有诸多不便，我仍然坦然接受，并把它当成外交活动的新机遇。在正式活动之余，我同厅长全家交流，我问他们巴拿马的事情，他们爱听我讲中国的故事。几天时间我和他们一家人由友情变亲情，他们把我当成“一家人”，连儿子放学回来，也先跑来向我问好。后来我们还在相当长时间保持通信往来。

1990年10月巴拿马省省长阿罗查安排我住进省公安厅厅长平松家，他说没有外交关系，这里最安全。正式活动之余，我问他们巴拿马的事情，他们爱听我讲中国的故事。几天时间我和平松一家友情变亲情，他们把我当成“一家人”，连儿子放学回来，也先跑来向我问好。

1987年4月我们参观秘鲁师范学院，本来是一次短暂的参观，却碰上一批学生毕业，他们听说我们来自中国，很热情地围拢来，几个问题来回后，他们的兴趣越来越大，后来其他学生和老师也加入，演变成了一场正式座谈。那时中国的开放度没有今天这么高，学生们对中国知道很少，我在回答他们的问题时，讲了一些中国的故事，也包括我在大学学习西班牙语的故事，他们听了非常高兴，笑声不断。后来他们获悉我即将离开秘鲁，还派了四位毕业生代表到机场为我送行。我非常感动，祝她们事业有成，并欢迎她们到中国来。她们说："中国是我们的永远向往!"

1987年4月秘鲁师范学院的学生同我座谈，听了一些中国的故事。他们获悉我即将离开秘鲁，派了四位毕业生代表到机场为我送行。我非常感动，祝她们事业有成，欢迎她们到中国！她们说："中国是我们的永远向往！"

除了拉丁美洲外，我到世界其他地区，不论工人农民、妇女儿童、老人青年、学生小贩，只要是我有幸接触的，我都会用心地同他们交流。我选择了一批照片，反映了当年同各阶层群众交流的某些片断。

# 外交心语

## 卷三

政党外交环境宽松，渠道灵活，可通过广泛交流，传播中国文化，吸取对方的优秀文化成果。本章所列各篇，是作者将国外好的经验，借助各种机会向国内介绍，促进我国和谐社会建设。

# 世界在问

在回答对方带有偏见的问题时，一定要避虚就实，不要跌入对方的陷阱，不要让对方牵住自己的鼻子。有时要学会将对方变成谈话故事中的人物，让故事中的人物来告诉他答案。

近十年来，世界关注的重点，转到中国文化方面。2007年我在全国政协大会上，就“宣传中国文化的核心价值”，有一篇书面发言，讲了我在泰国、俄罗斯、德国三个国家参加研讨会的感受。

在泰国参加的是“如何从文化的视角推动两国发展”，在俄罗斯参加的是“进入新世纪世界新秩序建立的可能性”，在德国参加的是“人权和司法”。三个不同的主题，让我遭遇到一个共同的问题，我感觉世界在问：中国的核心价值是什么？

泰国熟悉中国情况的汉学家问我，中国的传统核心文化到底是什么？我回答说，中国古老文化博大精深，其包容性很强，在漫长的过程中，儒家、道家、释家对中国文化的贡献都很大，其他流派也都作了不同程度的贡献。吸收了各家之长，中国文化逐步形成了一个核心观念，就是“和”的思想。就是追求人与人之间的和谐，人与社会的和谐，人与自然界的和谐，把“和”作为最高境界，并联系中国今天对内对外政策主张，讲了一番这样那样的道理。

泰国的朋友听了感到不以为然。他们说，不能完全信服。他们认为孙子的思想在中国文化中占有很更要的地位，孙子和《孙子兵法》一直影响着你们今天的生活。我问他们为什么得出这样的结论？他们说，中国人把商场比作战场，这就是孙子的思想，兵不厌诈，中国市场上充斥着假冒伪劣，是可以从中国文化中寻找到根源的。

我对他们说，任何一种文化，都有主流和支流，就像一棵大树，我们必须看到主干是什么，要分清主干和枝干。中国文化的主流是“仁爱”、“和为贵”。泰国朋友紧接着又提出一个问题，中国的一些历史片、武打片中都是相互残杀和械斗，反映的是不和谐的一面，是不是可以说和谐只是中国文化的一个核心，而另一个核心是不和谐呢？我试图以主流和支流的观点，使他们理解，但他们最终仍然持保留态度。

俄罗斯的朋友也认为孙子是中国文化的核心，说“韬光养晦”、“卧薪尝胆”让人生畏。从中国的一些武打片、历史片中，也可感觉到这类影响。他们还说，本世纪中叶，或者更早，中国将发展成为超级大国，而俄罗斯那时可能只排名第五第六，希望那个时候，你们中国要善待俄罗斯。

1999年5月，俄罗斯，圣彼得堡。我们同学术界探讨了“为什么苏联会解体于一夜之间”这个问题后，参观了昔日的冬宫，登上了著名的阿芙乐尔号巡洋舰，似乎感觉“十月革命一声炮响”还不太遥远，那艰难的岁月似乎还在眼前！

我能说什么呢？我说，你们是了解的，两千多年来中国文化占主体的是儒家、道家、释家，他们思想的共同主张是仁爱、和平。中华几千年对内对外总的是一种“和”的思想。虽然古代有《孙子兵法》，但这类兵家理论主要是在中国国家统一的过程中，由分裂达到统一的谋略思想，表现中华民族内部进化的一种自动力，不是用于对外扩展的主张。你们俄罗斯现在人均4000美元，中国经过努力，到本世纪中叶人均不过如此，而那时你们可能人均已经超过上万美元了，你们的森林面积比中国的国土面积还要大，到那时希望俄罗斯善待中国，以公平的价格多卖给我们中国一些空气！这场对话以双方哈哈一笑结束。

在德国，讨论人权问题，德国朋友对我国实行死刑与我们争论不断，他们称德国在欧洲是最早废除死刑的，并促使欧盟废除死刑。他们竟然把死刑问题同中国文化挂钩，说中国文化中的复仇主义很严重，父债子还，代代相传，复仇意识根深蒂固。他们还给我们讲了这样一件事情，有一对德国夫妇在中国遭遇劫匪，丈夫被劫匪杀害了，劫匪被法院判处了死刑，这在中国是一件天经地义的事情。而这位德国受害人的家属极力反对将劫匪判处死刑，并最终在他们的干预下，没有将该名劫匪处死。那位德国受害人的妻子说，为什么我们不愿意让杀人的人判死刑，因为我的家人遇害，我们已经很痛苦了。如果劫匪被判处死刑，他的家人岂不是一样痛苦。

德国朋友在死刑问题上的看法，我认为与政治制度、意识形态没有关系，这类问题我们应当理性地加以处理。我以为这是人类文明进步的体现。对死刑问题，我只是强调了中国的国情，说明将来会逐步有所变化。

至于德国朋友把死刑同“中国文化复仇主义”挂钩，却有必要分清是非。我对德国朋友说，法国 1793 年大革命胜利处决了国王路易十六，俄国革命胜利处决了沙皇全家，惟有中国革命胜利后不仅没有处死末代皇帝，而且把他改造成对社会有用的新人，他的晚年过得很体面。二战期间，许多被中国俘虏的日本军官不仅没有被杀死，而且通过教育变成战后推动日中友好的积极力量。我还以当年希特勒大规模屠杀犹太人，惟有中国大量收纳犹太难民为例，说明中华文化的宽容，深刻的理性，深厚的人道主义精神。德国朋友报以热烈的掌声，表示信服。

这些情况说明：世界对中国的关注层次在提高和加深，他们从文化的角度观察中国今天的发展和未来的走向。最近大家都说"软实力"，说到底就是中国的文化。对此我们有必要作出准确的回答。

2001年11月我接受巴拿马电视台主持人露茜·马丽娅采访，直接用西班牙语对话。她说这是最愉快的一次采访，令她十分满意，还开心地自夸："巴拿马听众一定会称赞我的本领，居然在中国发现一位会讲西班牙语的部长！"

# 惊喜与惊异

要善于发现对方的优点，真诚地赞扬对方，会很快拉近双方的距离。同时也要善于去学习对方的优点，使自己不断获得进步。

2007年，我们到德国出席“人权与司法”对话，参观了一个监狱。监狱不远，就在柏林市区内。车到了门口，我也没看出那栋房子就是监狱，因为外观与街面其他房子差别不明显，是绿色的铁门。进了大门，才是整体钢板二道门，再往里是第三道钢筋栅栏门，钢锁也很大，都是地道的德国制造。“锒铛”一声反锁，我们进入了大牢。

里面是一个大院，四周是白色的围墙，有一人多高，同外界隔离。院里分若干组楼房，白墙红瓦，有两层的，有三层的，空间地带是低矮植物和草坪，整体看和普通居民小区差不多。一位男士首先带我们到办公区，这是一个两层小楼，有两道门。到了二楼会客室，欢迎我们的是一位中年女士，面目和善，身材匀称，笑容满面，同我们握手后，请我们就坐，她就是监狱长。还有两位副手，都是男士。我们作了简单地交谈，她请其中一位副手带领我们参观牢房。

犯人判决后，法律称“服刑人员”。牢房也是两层，同样两道钢铁门，里面刷得粉白，由于外墙也是白色，整体近似医院。房间不大，一样标准，都有编号，一人一间，目测空间10平方米左右。内有木板床、桌子、椅子、14寸电视、书架、挂衣架，没有电话。房内个人卫生间有马桶、脸盆、淋浴龙头以及所需卫生用品。整个房间明亮，玻璃窗子可以内开，外边钢铁栅栏固定，不能打开。电话在筒子楼进门一边，集体公用，平时锁着，服刑人员与外面通话，需要得到允许。

离开牢房，我们去看服刑人员在做什么。根据个人自愿，他们按工种分成几个小组，正在外面劳动，我们参观的是园艺组，有60多人。迎接我们的也是一位女士，年纪更轻，30来岁，很秀气，她带我们看劳动场所种的花卉，各种各样，琳琅满目。我问她一个女组长带领这么多男的服刑人员，有没有被他们欺负过？她说没有。我问为什么？她笑了笑说：“来这里的人智商都不高，比较好管理，我对他们好似妈妈，他们把我也当他们的妈妈一样，我说的话他们都愿意听。”我问，他们之间发生过什么大的事情没有？她说：“他们内部有时也会偶尔发生摩擦，但是经过我做工作，一般都会平息下来。”

接着，我们在院子里面转了转，正好服刑人员收工，从不同的工作小组去食堂吃饭，见到我们这些外来人，有的低着头走过去，有的向我们挥手，也有的向我们笑了笑。

随后，我们回到会客室，同监狱长继续交流。她问我们对他们的监狱管理有什么建议，我说看了你们的监狱后，感到至少有两点值得我们借鉴。她好奇地问，哪两点？我说，第一点，你们德国选择了这么漂亮的女士担任监狱长，你看你长得又美丽又善良，而且又能干，管理这么大一个监狱，并且都是男犯，这是一个很有意思的事情，这一点就很值得我们参考。她听了非常高兴，笑着连连表示感谢！我接着说，第二点，你们的管理人员、看守人员个个慈眉善目，就拿你的两位助手来说吧，你看一个脸色红润，头发修剪得很整齐，脸上总是带着笑容，很像美国前总统克林顿做秀。会场哄然大笑，尤其那位助理笑得合不上嘴。我接着说，另一位助手，你们看，五官端正，轮廓突出，像不像美国好莱坞哪一个电影明星？大家又一阵大笑，有的说他像演员某甲，有的说他像演员某乙，七嘴八舌，这位助手更是笑得前仰后合。女监狱长笑成一团，连声说，你们中国人真有意思，并问我：“你看我像谁？”我答“你像一位天使”。代表团一位成员说：“我看我们的女主人更像希拉里！美国前第一夫人！”更是哄堂大笑。

这位女士就是柏林最大监狱的监狱长，管理的全部是男性囚犯。她同我们交谈后，高兴地说："这是我最快乐的一天！中国人真是太有趣了！"她身后露出半张脸的助手，像不像美国前总统克林顿？

安静下来后，女主人说，你们中国人太好了，今天是我最高兴的一天，我一定要去中国看看。接着她给我们赠送礼品，都是犯人做的小手工艺品，给我送的是一个不锈钢的蜡烛台，上面还放着蜡烛。我说这个东西不错，你们可以多生产一些嘛，到中国去推销，为扩大两国贸易关系作点贡献嘛！大家又笑。

我们起身同主人告别，女监狱长拉着我的手，大家边说边笑，一直从办公室送到大门口，我们的车开了，他们还在挥手。

我过去出访拉美曾经路过德国，但没有正式访问过，印象不深。这次除柏林外，主人安排我们到内地几个城市去看了看，德国是世界大国，其实不大，人口8000多万，面积相当我们一个中等省。道路很发达，坐着汽车，由一个城市到另一个城市很方便，我也很注意沿途的风光，的确感到这是个富裕的国家，从城市建筑、街道、房屋、道路，以及城市和城市之间的广大空间和高速公路，一眼就可以感受得出来。同时也可以感觉到，它是一个朴实无华的国家，除了柏林市中心有一些高楼大厦，还有少数时兴的全幕墙玻璃建筑以外，其他地方高大的建筑很少，各个城市所见的楼房都不高，三四层居多，五六层就算高的了，马路也不宽，有的城市还保留着古老街道，城市里巨大的商业广告牌很少见，没有嘈杂的叫卖声，商店的门面也都没有特别的夸张标志，使人感到亲切。但是，他们很重视绿化，仅首都柏林绿地和森林就占到60%~70%，其他城市更是如此。

最令我印象深刻的是，德国的宾馆饭店不少，因为到德国去旅游和做生意的人很多。我们在柏林开会，住的那个饭店比较大，是国际会议中心，五星级，高大程度和豪华程度都不及我们的许多五星级饭店，但是里面的设施齐全，服务周到。其他所到的城市，我们住的饭店都不大，星级并不低，多数四星级，也有三星级，规模和我们同星级的饭店都没法比。其中有一家给我的印象很特别，一进去，我和代表团成员不约而同地联想到两三天前参观过的监狱，不仅房式相似，房间的格调和设施也差不多，电视机也是14吋的，房间面积稍大一点，也就大三四米吧，多了一台极简易的电话和自带电脑与互联网的接口，其他再找不出有什么特别的不同。

这件事令我十分感慨，哎呀，这真是异乡他情！德国这样一个富国，从战争的废墟上崛起，立于世界强国之林，饭店和监狱是如此这般相似地摆在人们眼前，是什么样的理念在指引着他们呢……

# 拉美民族

借鉴他人的智慧，可以使我们明理；借鉴他国的智慧，可以使我们少走弯路。简单的人与人的交谈往往包含深邃的智慧，复杂的社会问题的解决办法常常就在平凡的社会现实中。关键是我们能看清自己，方能学习他人。

当今世界民族、种族、宗教、文化呈现非常复杂的状态，拉美有许多经验值得我们深思。

## 咖啡加牛奶

我和巴西一位著名的政治家，就巴西民族和种族问题有过一次有趣的对话。

我问：您怎么界定巴西的民族和种族？

他答：巴西人就是巴西人，每个个体有所不同，但不存在民族、种族之分。

我问：那怎么确认巴西人的特点呢？

他答：如果硬要区分的话，巴西人可以简称为“咖啡加牛奶”，只能说你牛奶多一点，你更白一点；他咖啡多一点，他更黑一点。

我问：那巴西人信仰有什么区别呢？

他说：巴西人就有两大信仰，一是桑巴，二是足球，其他无所谓。

玻利维亚高原4000多米以上的居民，服饰、住房、生活环境酷似中国的青藏高原，1987年4月我见到他们感到格外亲切，他们和哥伦布“发现”美洲大陆时代一样纯朴。我虽然能讲西班牙语，但和他们中的一些人沟通仍很困难。

我问：巴西的社会问题主要是什么呢？

他说：是贫富两极分化带来的问题。

我问：巴西政治家分野是什么？

他说：主要是对穷人和富人的政策。

这次谈话虽然不是长篇大论，却对我观察和理解巴西和拉美社会提供了新的视角。很长时间以来，我跟拉美打交道，发现这个地区与世界其他地区有一个突出不同的现象。当代世界呈现不同民族、种族、宗教、文化矛盾和摩擦多发性、复杂性、持续性特征，世界很不安宁。而拉美是世界不同民族、种族、宗教、文化汇合之地。但民族分裂、种族隔离、教派矛盾、“不同文明冲突”现象在这里所见甚少，与世界其他地区呈现的问题不同。为什么会有这样的不同呢？这位巴西政治家的“咖啡加牛奶”论是否道出了问题的真谛呢？

1999年10月李长春访问巴西亚马孙州马瑙斯市，恰逢该市建市100周年，全市狂欢。他称赞巴西全民一同载歌载舞是一种创造性文化。这是我陪他畅游亚马孙河。

为此我向许多拉美朋友作过了解，加上我多年的观察与思考，大体可以提供这样的看法：

## 拉美的民族概念

巴西和拉美究竟有没有不同民族或少数民族？如果按照一般的概念，应当说其实很多。就说原居民印第安人，在各个不同地带，差别是很大的。下南美、安第斯山、中美洲、墨西哥等地的印第安人后裔，他们不仅语言、文字不同，而且生活习惯、崇拜的偶像，乃至服饰、体形、相貌、人体结构都有明显的差别。再说黑人，加勒比海近似第二非洲，巴西东部的巴伊亚州也是黑人的“王国”，但是拉美黑人的祖先，当年贩卖黑奴的发源地是不一样的，他们的后裔也有很大差异。拉美的亚裔人（包括阿拉伯人）也不少，如秘鲁、巴拿马是华人去得最早的地方，现在在这些国家的人口中占有相当大的比重。近代移民如日本人，仅在巴西圣保罗周围地区就达到100多万，有的中小城市的市长、议长都是日本人。至于欧洲后裔比重更大，有的国家如阿根廷、智利、乌拉圭几乎满眼都是“欧洲人”，但他们之间的差异其实也很大。

拉美国家对不同民族有没有加以区分的办法呢？事实上，他们对每一个个体的人都按照他的血统关系，作出明确的区分，即印第安后裔，非洲后裔，亚洲后裔，欧洲后裔，或更具体称华裔、日裔、叙利亚裔、西班牙裔、意大利裔等等。对于不同混血也有明确的区分，例如对黑种人和白种人混血的后代，称之为“穆拉托”；对白种人和印第安人混血的后代，则用另外一个词语，叫“美斯提索”。但是所有这些用语，并不是严格意义的划分民族或种族的概念，只不过表明各人外形或血统的不同，并不是界定某人的民族属性，也不带任何民族或种族歧视的含义。就像我们中国，说某某是东北人或西北人，广东人或广西人，上海人或北京人，只是确认他的原籍或出生地，在社会、政治、经济、法律上都没有任何实际意义。在拉美，人们对自己称谓的用语并不反感或忌讳，有的人自我介绍混血成分，父母不同血统称“二分之一”，祖父母不同称“四分之一”，曾祖父母不同称为“八分之一”。我就听到有朋友自我介绍说是“八分之一”的华裔血统，他们这样说感觉非常自然，甚至还带有几分惬意。

## 拉美社会问题中的民族因素

拉美社会斗争中有没有不同民族的诉求？在拉美广大地区，人们没有见到有不同民族以他们的民族为旗号而提出独立或自治之类的政治诉求。就在同一个美洲大陆的北边，美国的种族问题曾经很突出，而加拿大的不同民族斗争也是人尽皆知的。在南美洲近几年偶尔听到关于不同民族的呼声，前几年墨西哥的萨帕塔农民斗争多少带有一点民族诉求的味道，但是如蜻蜓点水，没有留下什么痕迹。而比较突出一点的是，玻利维亚的现总统上台后，因为他是印第安人的后裔，他的民族诉求比较明显，甚至把玻利维亚的国名也改了，改为“多民族共和国”。但是这只是孤立的个案，影响如何还不明显，如何演变尚待观察。总体而言，综观拉美的历史和现状，民族问题很少成为一个突出的政治概念或文学概念。历史上或现代社会，在拉美发生的许多冲突中，很

1993年11月在安的斯山路边，同摆地摊的儿童对话：“你们是兄妹俩吗?” “是。” “为什么不上学?” “家里没钱。” “就你们家没钱吗?” “好多人家都没钱。” “你们一天能赚多少钱?” “不知道。” “要是赚不到钱怎么办?” “不知道。”

难看到民族因素的作用。比如农民的夺地斗争，并不是哪个不同民族的要求，而是失去土地的农民占地，同庄园主或政府发生了冲突。城市的居民也是这样。城市的社会斗争非常复杂，有时很尖锐，包括移民的斗争。拉美国家特别是新兴发展中大国，经济发展快速的，都有农村的移民，因为人口自由流动，在大城市的周围形成了贫民带、贫民区、贫民圈，包围着城市，或者在城市内部的某些街区聚集成群，这些打工的农民或无业群体，经常为他们的经济利益和社会地位而同政府或社会发生矛盾和冲突。但是人们并没有听说，某个特殊民族打着自己的旗号，也没有不同的政治派别利用不同民族口号，来挑动激发社会矛盾。这些斗争多表现为穷人和富人，或劳工群体同业主的矛盾，或民众向政府请愿，要求救助。这些矛盾一般在法律范围内可以解决，即使出现暴力冲突，也不致演变成持久的社会乱象，造成社会的撕裂。

1987年4月同厄瓜多尔路边小贩交谈："你们是一家人吗?""是两家。""都卖些什么?""不一定，什么都卖。""是你们自己种的菜吗?""是批发来的。""一天能赚多少钱?""不一定。""够家里用吗?""哪能呢!""不够怎么办?""唉!……

## 拉美和谐民族的特色

有没有外部势力插手拉美挑动民族问题？当今世界上，民族、种族、宗教矛盾频繁发生，而不同的政治势力加以利用，撕裂社会，捞取政治资本。或者作为意识形态斗争的手段，对别国施加压力，破坏别国政局的稳定，甚至试图颠覆不同的政权和不同的社会制度。世界许多地区不稳定，实际同这股祸水到处流动有关。但是外部别有用心的政治势力，在拉美没有足够的市场，所以挑不起民族动乱。

人们看到拉美社会，上到统治者，下至老百姓，似乎形成了一种不成文的传统，不论在言论或行动中，大家习惯整体民族的观念，很少强调哪个民族的特定利益，而把社会作为一个整体，把民族作为一个整体来看待。

从政治层面看，拉美绝大多数国家处理社会问题，大至总统竞选、国家政权更迭、政府和议会组成，小到经济发展不平衡、分配不公、教育、医疗、卫生等等问题的解决，都是以地区或收入为基础，根本不涉及民族划分，如果有什么优惠政策，条件相同的地区或人群一定会享受同等的待遇。法律上不涉及不同民族的概念，政策上不涉及不同民族的利益，不提倡不同民族的意识，不区分政治、文化、社会要人的民族属性，大家都属于一个整体民族。

拉美的文化，侧重民族的整体性，包括音乐、舞蹈，都很强调整体民族意识。当然，他们也重视各个不同地区的特性，在文化多样性方面也有突出的展现。例如巴西这样的大国，幅员很辽阔，各个地区的音乐、舞蹈、服饰、传统、习惯都有所不同，在文艺体现上，它也是多样化，但它不是用不同民族来加以区分，而是按地区区分，这是东部舞蹈，那是西部或北部或南部舞蹈；音乐也是如此，这是山区音乐，那是平原或沿海或丛林地区音乐等等。按区域来宣扬不同特色的艺术表现形式，不是刻意地突出某一个不同民族的特性，这点很有意义。人们很少看到在国际上，包括文化年、文化月、文化周等等活动，他们会特殊展示单一的某个民族的艺术表现，而往往以国家或整体民族的形式出现，将不同地区、不同时期、不同人群的艺术展现给观众，带给观众明确的信息：那些都是整体民族艺术的组成部分。所谓民族“自治”“平等”“独立”这类概念，没有人去刻意宣传和操弄，便逐步淡化，几乎销声匿迹。

1991年10月观看苏里南森林黑人“蹈火舞”。据说这远古的传统在非洲已经失传，这是热心的主人专为欢迎中国朋友，从密林深处请出来的。

人们到了拉美，特别到巴西这样的大国，精神上感觉不出是到了一个陌生的地方，而是逐渐和那里的人们心理相通，不会由于你是亚洲人或非洲人或别的什么人而感到心理隔阂。

## 拉美民族团结融合非常自然

拉美不同民族的团结融合，是一个非常自然的过程。人们没有见到某一种已经消失的语言，有人刻意想办法把它加以恢复。已经淡化了的历史，包括文字的或口头流传的，也没有人刻意重新加以强化。不同民族的服饰、习惯，也都顺乎自然。并不强调为了表示各自的不同，在什么样的场合，比如在议会，或者在什么党的大会上，要穿什么样的服装，或者在盛大的节日要表现不同的音乐、舞蹈。

拉丁美洲是歌舞的海洋，不论走到哪里，都会有歌舞相伴。1990年智利朋友请我们到他的庄园别墅，午餐时邀我加入他们的乐队，他们把我打扮成“手抱琵琶全露面”，摆在前排居中，真的很像他们中的领衔乐手！

拉美的文学表现是随着社会发展而发展的，往往把一些比较好的表现形式加以发扬，把它推广成为全民族共享的表现形式。桑巴舞本来源于非洲，但是到了巴西之后，变成全民共舞的表现形式。其他如伦巴、探戈、恰恰、热舞，开始的时候，按照我们的说法都应当是某一个少数民族的一种表现形式，但他们在加以推广后变成了全民的共舞形式。音乐也是这样，不是把它少数民族化，而是把它推广到全国，实行全民族化。例如特多（特里尼达和多巴哥），这是加勒比海的一个小国，黑人很多，盛产石油，油罐油桶到处都有，石油工人在休息时敲敲打打，自娱自乐，后来从里面感觉到音乐的韵味，逐步形成了钢鼓乐器，推及到整个加勒比海，以致后来成为世界性的一种音乐表现形式。所以，拉美不是把少数民族的东西固定化，而是扩大化，全民族化。在他们那里，人们确实感觉到，一个民族的东西也就是人民大众的东西。没有一个民族独享的东西。比如探戈，本来是阿根廷沿海地区带有色情性质的一种舞蹈，但后来它加以提高、美化、扬弃、推广，以致成为国际性的高雅舞蹈。拉美具有这样的融合能力，包含能力，发扬光大的能力，创造出了很多被整个世界所认同的创造性文化艺术形式和作品。

## 特殊创造性文化

我曾陪同一位中央领导同志访问巴西亚马孙州玛瑙斯市，恰逢那里建市一百周年纪念，全城举行狂欢节，从市长到民众，以同一个节拍、同一个音乐，边唱边跳桑巴舞，夜以继日，通宵达旦，十分壮观。我告诉领导同志，全国狂欢节的时候，全巴西都这样狂欢。他非常振奋，很感慨地说：我国少数民族都能歌善舞，汉族也有秧歌、花鼓灯一类民间歌舞，但没有一种能汇合全中华民族共同歌舞的形式，这是一大缺憾。他对巴西创造性文化赞叹不已。

## 和谐民族文化延伸到对外关系

任何人到拉美去，很容易融入这个社会。人们在拉美没有见到发生排华、排除亚裔人或其他特定人群的严重事件。不像其他地区常见的，一旦社会发生动乱，或者发生暴力事件，打砸抢烧就会针对不同民族、不同种族、不同信仰的特定人群。一般说来，人们到拉美地区，不必过分担心民族歧视或信仰排斥的问题。因为在那样大的社会环境下，即使带有偏见的势力，试图进行挑动，也不会发生太大的作用。在拉美地区，从国家关系来讲，他们的意识形态和社会制度同我们是有差别的，但是不像其他地区那样，在政治上和国家关系上，会不时发生排他性或歧视性的行动或政策。他们在国与国的关系中的矛盾，多表现为领土、主权、经济利益冲突，很少把它同民族差别、种族歧视、宗教信仰这类问题纠缠在一起。相对而言，处理同这些国家的关系是比较单纯的。可以说，这是他们在国内的和谐文化，在对外活动中，在处理国家关系问题上的一种健康的延伸。

# 一团和气的国度

老子提倡无为而治，很多现代人怕是不能很好地理解这四个字。无为并不是不去作为，而是能遵循着自然之道去与自然相处，与人相处，在国际的交往上也同样如此。如果世界上每一个国家，近似无为而治之道，世界会和谐许多，人们的生活也会更加安宁。

拉丁美洲许多国家很有特色，其中一个是哥斯达黎加，由于它很少见诸报端，一般人对它不甚了解，但它是一个值得我们认识的国家，因为它有许多可爱之处，近似“无为而治”之国。

## 淳朴无华的首都

早在上世纪七八十年代，我曾两次访问哥斯达黎加，当时它处在战乱和贫困交加的中美洲诸邻国的包围之中，而中国也刚从“文化大革命”的动乱中走出来，所以我们一到达那里，感到特别的宁静，对他们的社会安定赞美有加，对他们的丰衣足食羡慕不已。

2001年5月贾庆林访问阿根廷，我陪他在布里诺斯艾利斯植物园散步，他说这里的绿化真好，树木花草高高低低，错落有致，这是我们应当学习的。

2008年初春，应哥斯达黎加议会邀请，我有幸率领全国政协外事委员会代表团第三次访问这个国家。二三十年过去了，世界大变，哥斯达黎加已于2007年率先在中美洲同中国建交。这么多年这个国家发生了什么样的变化呢？访问之前，各种猜测令人兴奋。尤其中国自己有了巨大发展，而且提出了建设和谐社会的目标，这给我们观察哥斯达黎加有了新的视角。

我们跨洋飞抵哥斯达黎加首都圣何塞，因为是夜晚，一片宁静，加上旅途疲劳，我们很快入睡了。第二天天刚亮，我就起床，发现我们住的洲际饭店虽然只有五层楼，却是最高建筑，处在首都“黄金地带”，放眼四周，感觉却像到了一个小镇。对面是很长的山脉，山不高，山上云雾飘绕，山下是个小盆地，居民住房多是一层平房，个别两层，大都在树林之中，房子都是轻便的建筑材料，简易而安静。我们所住的饭店，下面就是一条主要公路，车来车往不少，路的两边全都保持自然状态，既没有水泥桩，没有铁栅栏，也没有人工种植的树木花草。大路两旁是坡地，坡不高，上面就是普通的土路。市内没有太宽的马路。我到外面散步，空气非常好，山区的微风很凉爽，没有灰沙，几乎看不到新的建筑工地，一眼望过去，街面上的人也不多，房屋、树林、草地相交织，草地是野草，没有经过加工的自然状态。

我脑海中出现了一些图景：这个国家有5万多平方公里的土地，410万人口，面积是北京的三倍，人口是北京的四分之一，人均GDP是5000多美元，在中美洲是最高的，比巴拿马还要高。而这个殷实的国家，首都却仍然如此简单淳朴。

## 城乡尽在青山中

几天下来我们参观了许多地方，所到之处，满目青山。

我们看了一个活火山，还看了一个瀑布。从首都到火山口，沿途经过3个省会，群山中有个制高点，从上面往下看，首都和几个城市都在群山环抱的一个大盆地之中，居住着300多万人口，占全国人口的四分之三。因为处在火山带，城市的房子都是平房，比较简单，农村的房子也差不多，城乡看不出有太大的差别，不过城市集中一些，农村分散一些。

城乡道路也相似。唯首都到机场那一段称高速路，也没有全封闭。其他都是普通的柏油马路，曲曲弯弯沿着山势的自然走向，一直向前延伸。路面都不宽，可以对开两辆车。路的两旁全部长满了野草野花。到了山上，整个山区都是原始森林，火山附近森林密不透光，在里面开发出的羊肠小道上穿行显得非常幽静，四处都可听到小鸟的鸣叫。火山口很大，仍然在冒着烟雾，火山湖像个天池，周围环境非常优美。

瀑布很有特色，是个森林瀑布群，从山顶到山涧分好几层，从上到下走了半天时间还不见沟底。瀑布宽度略窄于我国的黄果树，水量却大于黄果树。据导游说，现在是旱季，如果在雨季，水量还要大得多。为游人观看瀑布，从上到下所修的小道安全简朴，和自然环境混为一体，沿途除了指示路标，没有任何宣传广告，也没有任何人工建筑，商店和小贩都远离景区。我们代表团的水利专家说，保持这样好的瀑布群和原始森林，实在难能可贵。

我们还参观了这里的“蝴蝶谷”，亲眼目睹各种蝴蝶从产卵到化蝶整个自然演变过程。沿着旅游线路欣赏两旁的牧场，牛羊皆有，数量不大，草场青草茂盛。还看到大面积的花圃养花，种植着当地的鲜花和与插花搭配的草类。这里的大棚与中国的不同，我们养花和种菜的大棚封闭得多，主要为了保湿保温，这里温度湿度适宜，用的是纱网，既可以减少太阳的直射，又可以在雨季分散大雨的冲击。他们的花草出口到荷兰，利用荷兰在国际上的市场销往世界各国。沿途没有裸露的土地，全部为热带和温带作物所覆盖。

## 没有军队的国家

哥斯达黎加没有军队，海陆空都没有，只有8000名警察，负责整个国家安全和社会治安。长期以来它很少露面于世界现代媒体，因为与战争、恐怖、贩毒、贫困、种族矛盾、教派冲突、环境污染、经济危机等等当代弊病很少沾边。它的邻国都有过战争、动乱或暴力冲突，而哥一直保持中立，不干预也不参与邻国的纠纷，它不与任何国家为敌，而是广交朋友。我们亲眼目睹这里老百姓的生活，包括生意人，还保持着朴实的民风。一般买东西不讨价还价，即使还价也减不了多少，也没有小贩追逐顾客兜售的现象。这个国家人均GDP高出拉丁美洲平均水平，几乎家家都有汽车，但看不到豪宅别墅，也没有夸张的商业广告，汽车来往互相礼让，人和人之间很有礼貌，沿途看不到交通警察，交叉路口也很少红绿灯，但一切都显得平静。

## 对中国的友好

哥斯达黎加与中国的建交，得到社会的广泛共识。我们所到之处，所见之人，无不交口称赞总统同中国建交的英明果断决策，尤其是议会内各党各派所有议员一致赞同，据说历来议会在讨论国内国际问题时都有分歧意见，惟独同中国建交，没有任何人反对，因为大家一致认为这个决策符合哥斯达黎加利益，符合国际发展的潮流。

我想，这大概也是他们自然而然的选择。“道法自然”，我们的先贤喜欢坐而论道，我看哥斯达黎加人似乎“行而践道”，自然而然终归会同致力于建设和谐社会和和谐世界的中国建立并发展国家友好关系。

# 外交心语

## 卷四

外交是双向的，而且是多层次、多渠道、全方位展开。不仅仅是对外，走出去是一种交往，有时对内更显重要。若我们将自己做得很完美，让人家走进来，这是一种更高境界的交往，是更深更广更全面更有说服力地展示自己。

# 加强引领人们的精神

无论国家、无论个人，无论我们发展到哪个阶段，我们都必须知道，我们是一个高尚的人、一个高尚的民族，我们必须有属于自己的文化和内涵，我们才能真正成为被世界所尊敬、被世人所认可的国家和个人。

世界各国都希望更深入地了解中国，说明中国同世界的关系发展到了一个新的阶段。中国现在已经不是少数人办外交，少数人办传播的时期，而是已经走上了一个新台阶，一个大外交、大传播的时代已经到来。我认为现在人们缺乏的不是物质，而是精神。国家应当在三个方面加强引领人们的精神：

一个领域是国民行为。国民行为是一个国家文化素质的动态表现。中国现在每天都有成千上万的人到国外，世界凡是有人的地方就有中国人，中国国民在国外是中国文化活的表现。我们文明不文明，礼貌不礼貌，以什么姿态同世界交往，这是随时随地在影响中国形象的。我们每一个人都应当是一个形象大使。这个话是我国乒乓球世界冠军邓亚萍在“两会”上提出来的，我有同感，我们每一个人都应当成为中国形象大使。中国有几百万、几千万人在国外，我们的行为，每个人的一言一行都是在传播中国文化。国家要引领人们，给国民积极的导向，使每个人都明白这个道理，中国现在是一个大国，又是一个文明的国家。

在遥远的加勒比海，法国的海外省——瓜德罗普、马蒂尼克也有我们的足迹，这里的孩子很可爱，同他们交流真令人愉快：“中国也有草地吗?”“有呵!”“那里也有小孩吗?”“有呵！有很多小孩。”“比我们还多吗?” “多，多，多!”“究竟有多少?”“反正你们这块草地放不下!”“哎呀，那么多!”

第二个方面是企业的产品。企业的产品实际上是一个国家文化在“物”上的表现。我们过去对许多国家的了解，它的素质高低、好坏，往往是通过他们的产品来了解的。比如德国刀具很好，照相机不错，就看到德国人的素质不错。其他的国家，我们也常常是通过他们的产品质量，来看待他们的文化素质。现在中国企业的产品已经遍及全世界，产品质量的好坏，不仅仅涉及企业的利益、利润高低，实际上是在每时每刻向国外展示着中国文化的素质。国家也应当引导企业提高对自己产品质量的责任感，使企业明确知道，产品质量不仅仅关乎企业的经济效益，而且也关乎国家在世界面前的形象。提升中国企业的产品质量，要从向整个世界展示中国文化的高度来严肃的对待。

第三个方面是文化本身。应当将文化“产品”和“作品”区别开。和物质成果分为耐用品和非耐用品一样，从某种意义上讲，精神成果也可以区分两类：一类是文化产品，以市场为导向，主要供人们娱乐；另一类是文化作品，能够在更深层次启迪人们的良知和智慧，在精神上引领人们，发扬光大人的善良秉性，实现人与社会和自然的持久和谐。

从狭义来讲，文化作品应当更多表现中国文化的精华，而不是为了迎合一些低级趣味，追求简单的票房价值而侧重反映我们文化中的一些糟粕。文化作品就其重要性来说，是最核心的东西，一个国家的文明最集中最突出是反映在它的文学艺术作品上。比如说老子的思想博大精深，实际上老子留下的作品并不多，但是他的作品达到文明的最高思想境界，所以才能流传到今天。孔子思想伟大，他的作品也不多，最主要的就是《论语》，之所以流传至今，就因为反映的是他的思想精华。现在我们市场上的文化产品很丰富，国家应当着力培养新时代的文化作品。

新的时代正在呼唤新的伟大的文化作品，在精神上引领人民大众，引领企业，引领文学艺术界，向着一个更高尚和伟大的未来发展！

# 戏中看戏

保持本色，在保持本色的前提下，充分地展示自己，会使你受到所有人的喜爱。

当今世界的旅游业发展趋势是：回归大自然。在国外人们从早先的现代都市旅游，到后来寻找古代文明之旅，发展到今天的生态旅游。这是近50年来，随着经济的大发展，城市不断膨胀，大城市的嘈杂、污染、紧张，使越来越多的人渴望寻找失去的大自然，把生态旅游作为提高自己生活质量的一种不可缺少的选择。随着中国人民生活水平的提高，这个大趋势在我们当中也在日益显现出来。世界上有不少国家和地区就是靠良好的自然环境和区位优势，变成了旅游大国和旅游热点地区，旅游收入成为重要的产业甚至支柱产业。南欧的西班牙仅仅靠了他们优良的海滩和温和的气候，成为北欧和西欧人晒太阳的地方，现在是世界最大的旅游国家之一，旅游人数达到5000万，大大超过本国人口。

南美洲加勒比海一批资源贫乏的岛国，仅仅因为有良好的自然环境，而成为欧美人休闲的地方，那里老百姓生活水平接近发达国家。

与苏里南儿童在一起。1991年10月住在热带森林深处的这些孩子，第一次迎来中国客人，看到中国的图片高兴得连蹦带跳地问道："我什么时候才能长大，能到这么美丽的地方?"

发达国家和新兴国家人们生活和居住的最佳选择是：既享受现代化，又享受田园化。随着各国经济的发展，越来越多的人居住方式发生着变化，其总趋势是：先从农村到城市，再由城市到农村。城市赚钱，农村住，或者说大城市赚钱，小城镇住。各个发达国家大中心城市周围有许多漂亮的小城镇，小城镇的周围就是广大农村，城乡没有多大差别。许多人有两个住处：城市一处，农村一处。我到过一些外国朋友家，别墅就是美丽的田园。有些发达国家还有不少人选择在本国赚钱，到邻国住的模式，因为邻国的生态环境比本国好。这种选择居住的方式已成为一种时尚。

中国地大物博，很多省份都有很好的生态资源，若我们善于规划，都可以成为适宜于人类居住的地方。但因为我们在基本设施方面，当然还有规划、管理、教育等方面的差距，使得我们常常暴殄天物，使原本极具生态的环境最终却被破坏和污染。

有些地方还在破坏生态。景区的沿途木材场、家具厂一家接着一家。还有原本很好的山体却被破坏后成为一个个的采石场。

有的城市把原来的古迹破坏了，后来又来人造“一条街”，那些假冒伪劣古迹，因为没有文化内涵，没有生命力，根本就没有观众。所以要防止建设性破坏。应该将精力放在保护真正的历史文物上，而不是人造古迹上。还有一种建设性破坏，就是不懂科学，本意是想保护，结果适得其反。有一个地方为了保护古代石窟的雕塑，把所有佛像都刷了一层清漆，造成不可挽回的损失。

要防止一些地方发展，先污染后治理的教训。也要吸取一些地方搞工业园，搞开发区的时候有过的教训，到处铺摊子，自己和自己进行恶性竞争。特别要注意不可拿环境的破坏做代价。

要有科学规划。旅游业是一个大产业，是一门大学问。要成为“后花园”，做好这篇文章，需要很有眼光的设计师、政治领导人和专家相结合。旅游景点，景区、城市的设计是一个系统工程。一个很好的景点，你在旁边盖一栋很漂亮的宾馆，但若与主要景点不能相得益彰，那么这个配角就当的不好，整台戏也就不好看了。还有一种情况，譬如某地是早期革命圣地，你开展红色旅游，却在那里大讲某人的悲惨遭遇，还大讲党内斗争如何残酷，错杀这个，错杀那个。这些历史，究竟怎么讲，在什么地方讲，很值得研究，否则会损害主题。自然景观贵在自然，人文景观贵在文化内涵。红色旅游也好，绿色旅游也好，主题一定要突出，使人印象深刻。

旅游城市就好比剧场，观众一进来，有很舒适的环境，很有文化品位，很高雅，很有艺术气氛，在这样的环境下，来欣赏这场演出。看完之后，大家都感到得到一次难忘的精神享受，留连忘返。这样，有的戏百看不厌。但是，我们国家的一些旅游区，有的外国朋友评论是，一流的景点，二流的景区，三流的城市。或者说，美丽的风景，丑陋的城市。

因此，城市设计和建设问题非常重要，城市是旅游的依托，是旅游的核心，也是游客生活的核心。大城市、中等城市、小城市应有合理的比例。世界许多发展中国家城市的盲目扩张带来极严重的经济问题、社会问题和政治问题。世界发达国家的布局都是以少数大都市为轴心，向为数众多的中小城市辐射，再向广大的农村辐射。

城市化还要防止趋同化。小城镇也要各具特色。城镇建设不走常人走过的路子。防止照搬照抄，缺乏个性。凡是有生命的城市都是有个性的城市。例如加拿大维多利亚岛花园镇，伦敦郊外邱吉尔庄园，丹麦童话家安徒生的故居，都是小巧玲珑的城镇，虽然远在天边，但是享誉世界，终年游客络绎不绝，是世界旅游热点，是财富收入的永不枯竭的源泉。

无论是经营人生，还是经营一个城市，一个乡镇，我们除了要善于包装自己，推销自己，更重要的是要不断地充实自己，提升自己，使自己真正成为一个有品味的人，或者说，真正成为一个有特色的独一无二的人或城镇。比如加拿大的花园镇，一年四季到处是花。那里原本是一个被完全废弃的露天矿区，经过人工的精心培植，变成一个大花园，真的变腐朽为神奇。那里，世界各地的名花都有，包括中国的许多名花，连水仙花长得都特别好，是改良品种，比原产地福建樟州的水仙好得多。而且那个小镇，家家户户都是花园。

相比之下，我们国家的很多地方，却是将原本仙境般的地方，最后变成了一个被污染的场所。这不能不说是值得我们警醒的。

# 关于吃的文明

古有君子之交淡如水。高雅的友朋相见，也不过是清茶一杯。大摆宴席固然盛情，但有时食物其实并不是最重要的。得体的环境和丰富的文化内涵，倒更能令人久久回味。而且万物皆有灵性，如何与各种生灵打交道，也是人类亟需弥补的课程。

俄国大餐的丰盛，法国菜肴的精美，日本料理的讲究，都享有世界盛名。英国的烤鱼，味道很好，配上土豆，仅此一道菜，就可以吃饱吃好。美国人早餐很简单，午餐很实惠，所以快餐业很发达；晚餐是重点，所以餐馆特别多。德国人的吃法近似北欧，而北欧可能因为气候寒冷的原因，肉制品和奶制品种类很多，用量也很大。我在瑞典、丹麦作客，曾见过吃肉的大场面：一条案桌，上面的肉制品和奶制品堆积如山，人们端着盘子，拿着刀子，任意选割，然后大块吃肉大杯喝酒（啤酒），颇有中国古典小说中英雄好汉的气概。

要论吃肉，巴西烤肉更有气派。城市里的巴西烤肉馆，专供人们吃烤牛，任你挑选部位，直至吃到亮出红牌，服务员才会停止上肉。如果你到巴西烤肉发源地的南方牧场，可以看到正宗的场景：熊熊的篝火与铁架，整头整头的牛被分解烧烤，人们围坐火旁，边弹边唱豪吃豪饮（玛黛茶），茫茫草原，肉香飘溢。

与孟加拉妇女在一起。这是1986年11月的事，那里的妇女关心的问题很有趣："中国有过女总统和总理吗？""没有。""中国将来会有女总统或总理吗？""有可能。""你能肯定吗？""我只是说可能。""为什么？""因为时代在进步，妇女在提高，任何可能性都存在。"

阿根廷、乌拉圭也有近似的情景，不过阿根廷烤肉多是牛排（肉饼），形状成正方或长方或椭圆，每一块重量至少半公斤有余，伴有好酒（非烈性），酒肉源源不断，你可以竭其所能尽其所兴。

墨西哥的烤羊豪气也丝毫不减，特别在乡村有客自远方来，那里的人们头天就磨刀霍霍，把全羊用植物的叶片包裹好，放进铺满火碳的沙坑，层层用火碳掩埋，最后以沙覆盖形成一个沙堆。经过一昼夜的闷烤，等客人一到，全村的村民自带食具，弹唱舞蹈出迎，邀请客人铲除第一锨沙土，然后大伙动手扒出鲜嫩的烤羊，在一片欢笑声中全面展开大宴。墨西哥还有独特的风味小吃，比较著名的是蚂蚁蛋，净白颗粒如细小珍珠，或连成一小串，或排成一小片，当地人视为珍品，殷切地请贵客品尝。

其他许多国家也有“风味特餐”。澳大利亚的袋鼠成灾，鼓励人们吃袋鼠。泰国以产鳄著名，富有人工养鳄经验，以全鳄大餐款待贵客，从第一道汤到最后一道菜都是鳄的不同部位，其中以鳄尾最珍贵。印度饭菜所用香料味浓而色重，多成糊糊状，各色菜肴放在一个盘子里，加上米饭，混合一体，用手抓而食之。印度是世界上最大的手抓饭国家。

用手抓饭的国家不少，集中在南亚、中亚、西亚、北非、东非，约占世界人口三分之一。而吃饭使用刀叉的国家则集中在欧洲、美洲、大洋州，人口也约占世界三分之一。世界另外约三分之一的人口吃饭使用筷子，主要集中在东北亚和东南亚，其中无疑中国人口最多。

说到中国吃饭，有两个数字堪称世界第一：一是吃的总量，二是吃的花样。从总量看，中国至少吃掉世界五分之一的食物。吃的花样则多不胜数，而且中餐馆遍布全世界。外界流传这样的说法：世界凡有人的地方，就有中国人；凡有中国人的地方，就有中餐馆。此说不为夸大。世界离中国最遥远而又有人居住的地方，要数东加勒比海珍珠般的那些列岛，其中有弹丸飞地如法国和荷兰分治的圣马丁岛，也有独立袖珍小国如多米尼克联邦，尽管远在天涯海角，那里不仅有中餐馆，而且中国菜肴颇受当地居民和国际游客的青睐，常有社会名流光顾。许多国家的朋友说，他们是先从当地中餐馆开始而后逐渐了解中国的。可以说，正是世界人民的喜欢，才促进了中餐馆在世界的普及，成就了中餐的辉煌。

外国人对中餐当然也有不满之处，据我所知，他们的意见主要集中三点：一是吃饭的人几双筷子同在一个碗里夹菜，几把勺子同在一个盆里舀汤。二是劝酒过度，闹声无止，喝得昏天黑地。三是“食谱太杂”，“山珍海味”幌子下，隐藏着令人担忧的生态破坏。统而言之，他们认为中餐“不太文明”。多少年来，正是外国人的这些意见推动了中餐的不断进步。

早在上世纪60年代，赴欧美工作的中国人，就注意到那里的许多中餐馆已经改变老传统，而采取“公筷制”或“分餐制”，实现了每人一份的西餐吃法。劝酒闹酒之“中国风”在欧美的中餐馆里也很少再见。随着改革开放的发展，中国国内的中餐馆对这两种“不良之风”的改革，也从沿海逐步向内地推进。至于“食谱之杂”，在经历“非典风暴”的袭击后，也大为收敛。应当说，近30年来，中餐发生了翻天覆地的变化，在吃的文明上达到了新的境界。但是，要说中餐的这些旧病已经完全治愈，恐怕为时尚早。尤其是“食谱之杂”的痼疾，绝非一役之功所能根治。

这里使我联想起改革开放初期的一桩小事，似乎对我们今天继续关注吃的文明还有现实意义。

故事发生在上世纪80年代，我陪同巴西一个议会代表团访问南方某城市，团长是副议长，团员比较多，团长还带了夫人和两个孩子，一个十岁，另一个八岁。我们去看农贸市场，因为那里自由市场开放最早非常活跃，我们把它作为展示中国改革开放经济发展的一个项目。市场里产品很丰富，各种蔬菜、水果，尤其“山珍海味”很齐全，其中有蛇、蜥蜴、果子狸、猴、猫、狗、鸽子、鹌鹑、锦鸡等等，还有普通人叫不出名字的许多奇禽异兽，总之几乎应有尽有。顾客人来人往，很热闹，像节日一般，巴西议员也都兴致勃勃。忽然团长的两个孩子大哭大叫，我以为发生了什么事故，赶紧过去，他们的爸爸妈妈正在安慰他们，原来这两个孩子看到笼子里关的那些狗、猫、猴子后受不了，大哭起来，说这些动物都是我们人类的朋友，怎么关在笼子里，还要卖给人去吃呢？这是怎么回事呢？他们的爸爸妈妈当然是理解孩子的，其他议员也都围过来，议论纷纷，对吃这类家养的以及野生的动物颇为不满。对他们的情绪我是理解的，尽管那个时候中国对生态保护没有达到现在的认识高度，对“山珍海味”视若餐桌上的珍宝，但是我个人因为同外界接触较多，了解他们对待动物比我们有更高的境界，所以我当时感到很尴尬，我提出不再看这个市场了，建议带他们去逛公园，他们欣然接受。为了这件事，我多次对他们表示歉意，认为他们的批评是对的，中国人在吃的方面确实存在不文明的现象，我相信这个问题迟早是会解决的。

此后，我常常向管礼宾搞接待的同志讲，西方来客，特别是欧美客人，不要安排他们吃什么“山珍海味”，包括家养的狗肉、鸽子等等一概免了。我们有的是鸡鸭鱼肉，请外宾足够了，西方请客吃饭很简单，我们所说的“山珍海味”西方人未必欣赏，而且可能适得其反，我国有些地方由于胡吃海喝的宴请吓走外国投资者的事例还算少吗？

这样的事已经过去多少年了，我们在吃的方面不文明习气改得怎么样了？总的来说，现在我们比过去重视多了，进步多了。但是为什么还屡屡有人在顶风作案，偷猎捕杀珍禽异兽、稀有动物？关键还有市场，有人吃，有钱赚。

西方有人批评我们，遇到这类情况，我们一方面要向他们解释中国的进步，同时承认我们的不足，对他们也要进行反批评，批评他们的过去，这样多少可以缓和对我们的压力。但是我们必须以进步的眼光，以人类发展的眼光来对待自己的问题，我们过去见怪不怪的同国际文明不合的事情，必须继续下大决心解决。必须从源头抓，要严格法律和管理，堵住吃喝者的嘴巴，既要严惩偷猎者，也要严惩销售者和吃喝者。舍此难有别的选择。

# 文明的一面镜子

我们看一个人是否文明，可以看他是否始终保持自己内心和外表的洁净，这既是自身涵养的一种体现，也表现了对他人的一种尊重。只有尊重自己也尊重他人的人，才会有高朋满座，贵客盈门。

我们看一个城市是否文明，可以看城市里的公共卫生设施是否完备良好。风景最好的城市，若公共卫生跟不上，注定会使人们望而却步。

有一天，我出门散步，走不多远，看到两位行人匆匆向我走来，他们急切地问我：附近有厕所吗？我环顾前后左右大街后，遗憾地回答：我还真不知道这附近有没有厕所。他们失望地走了。我看他们一老一少十分焦急，尤其那位年近五六十岁的老人，半弓着腰走得很痛苦，我突然想起来“有了”，于是回转身追上他们，我指着街对面的快餐店说：那里面有厕所！老人苦笑着问：那儿能让进去吗？我说：能让进。两人向我道了一声谢，赶紧穿过马路。我看他们进了快餐店后，继续走我的路。过了一会儿，那两人又追上我，年轻的那位一边跑一边喊：那爷爷，请等等！我以为发生了什么事，原来他们是来告诉我，他们是爷孙俩出来玩儿，没想到走到这儿，老人忽然便急，问了好几个行人，都说不知道哪儿有厕所，正在忍无可忍之际，我给他们指明了出路，否则就要出丑了。爷孙俩感激之诚令我十分感动。

按说这件事并不大，那人家为什么要这样感激呢？他们使我再次感到，在一个城市，特别是现代化大城市应当很好规划厕所，做到干净、方便、分布合理、标志明显，使每一个行人无论何时何地，都不必为便急而恐慌，这该有多么重要！可不可以认为这是“以人为本”对城市管理者的一个起码要求呢？

这次指路成功，似乎我是“急中生智”，其实这是我多年从事外事工作积累的一条宝贵经验的及时运用。我到过许多国家，不论发达国家还是落后国家，都遇到过找厕所问题。我认为出门旅行的人，特别到大城市游览，一定要留心厕所。我的经验是：国际连锁快餐店内必有厕所，可以应任何行人之急需。多少年来，靠这条经验，我不论到哪里都不会发愁。但是，这个经验不能推广，否则快餐店受不了。

厕所问题，与人人有关，靠快餐店不能解决。它其实是文明和不文明的一面镜子。这样说并不为过。一般说来，发达国家的厕所普遍较为干净，有的一尘不染。落后国家的厕所往往较脏，有的惨不忍睹。大城市很难看到厕所，而农村到处是厕所。厕所状况是一个国家发达与落后的重要表现，也是城乡差别和贫富差别的重要表现。我在长期对外交往中有过深刻的体会。记得我在山东泰安市担任副书记时，曾发生过一起与厕所相关的事情，至今仍令我感到十分羞愧。

那时我在市委分管包括外办、侨办、旅游在内的几方面工作。有一天，一对澳大利亚夫妇带着女儿游览泰山，到了山上，女儿要上厕所，刚走进一个厕所，一看里面太肮脏，屎尿遍地，她顿时一阵恶心，大口呕吐，立即逃出厕所，提出要求下山，陪同人员怎么劝说，她坚持拒绝上厕所，一直憋到山下回到酒店上完厕所，因此他们要求提前离开泰安。我为了这件事，特意去向他们道歉，我说我们这里还比较落后，不仅表现在经济上，更表现在文明上，厕所不干净就是一个表现。我们再三挽留，澳大利亚客人还是坚持提前走了。这件事对我刺激很大，久久不能平静。事后，我跟外办的同志说，厕所绝不是小事，是一面镜子，是文明不文明的一个标志，这件事我们一定要重视，要改进我们的厕所，改善卫生条件，否则美丽的泰山就是不完美的，泰安旅游业的发展也会受到拖累。

这件事发生在1985年，离现在已经很久了，但一想起来，仍感到难过。2002年，我回到泰安，看到那里的变化很大，我问泰安的同志们，泰山的厕所现在怎么样了？他们告诉我泰山的厕所过去受到不少外国人的批评，其中特别是某国的游客还写过信批评，泰安的领导后来花了很大的力气抓厕所的改进，还提出“厕所革命”的口号，现在厕所完全改观了。他们还带我去看了一个厕所，确实很干净，里面还摆了沙发、电视，有喝水的设备。他们问我印象怎么样，我说进步很大，厕所首要的是干净，除了大小便，有的人还要作点小化装，有了镜子、冲手水、擦手纸这些就够了，一干净，二方便，我看你们都做到了，沙发、电视这类东西不一定需要，外装修也不必豪华，但是厕所的标志和指示路标要明显，方便游人找到。中国有的厕所有一个特点，在什么地方很远就可以闻到，厕所标准我看只要闻不到臭味就好，关键是保持下去。你们把厕所分成五星级、四星级是没有必要的。

此后，我在担任领导工作期间，陪外宾到外地访问，常要提醒有关地方同志重视厕所。我到全国政协后，到地方参观考察，特别到那些旅游点、好山好水的地方，我也注意厕所的状况，有时提醒有关同志要注意厕所。

现在全国的厕所怎么样了？一些大城市、发达地区，可以说好多了，有的甚至比任何发达国家毫不逊色，但是在一些落后地区，一些城市的死角，低收入人群居住区，城乡结合部，管理不到位的街区和公共场所等等，厕所问题还不少。至于农村，除了比较富裕的少数农村，许多地方厕所问题还没有解决。这个问题同经济水平和文化水平有关，但最主要的是观念问题，认为厕所本来就是不干净的地方，一般不重视这个问题。所以，必须首先改变观念，才会有厕所的根本治理。

# 强国必由之路

世界的启示：光一部分人和一部分地区富起来，不会是一个真正的强国。只有大家都富起来，才会成就一个富有希望的民族和发展壮大一个强盛的国家。

综观世界的发展，区域经济发展不平衡是一个全球性问题，不仅全世界有南北差距，而且各国国内，尤其是世界上的大国国内，普遍存在区域经济发展不平衡现象，其发展过程从区域来说都是有先有后，从不同人群致富的时间来说都是有早有晚的。开发落后地区，实现区域协调发展，是大国走向强国的必由之路。

一

美国是当今世界最发达的国家，其本土的开发过程是先东后西。150年前美国的中西部都是荒漠地区，地贫人稀经济落后。美国在东部发展到一定程度的时候，即抓住时机开发西部。从18

世纪中叶开始，美国用了将近150年时间，首先将西部开发成为美国的“小麦王国”、“棉花王国”及“畜牧王国”，为美国成为世界农业大国奠定了坚实基础；随后进一步开发西部（包括南部），使之成为美国宇航工业、空间技术、信息技术、原子能、合成化工等现代高科技中心和基地，成为美国经济新的龙头地区，为美国成为超级大国，保持经济科技优势提供了有力的保障。

秘鲁前总统贝朗德，著名工程师，在位期间，亲自设计并指挥修建大批廉价民房，深得民心，以爱民为民著称。我每次访问秘鲁，他都会会见我。这是1997年5月在他的书房，他赠书给我。他非常称赞中国的伟大成就，不断询问中国民居建设、售价、管理以及人民是否满意。我说中国政府很努力，人民还是有些意见。他说只要政府努力，人民就会越来越满意。

日本是当今第二经济大国，其本土面积较小，但发展也不平衡。以本州为中心的南部开发较早。130年前，以北海道为标志的北部是少数民族居住的荒漠地区，而且处在同帝俄的边疆，经常发生边界纠纷。明治维新以后，第二年日本即着手统筹开拓北海道，经过百余年的不断开发，今天的北海道与日本本州相差无几。区域的协调发展，保证了日本本土经济的持续、稳定、健康发展，为日本开拓国际市场，利用世界资源打下了坚实的基础。

欧盟不是一个单一的国家，而是一个多国联盟。随着欧盟一体化的不断加深，其成员国之间经济发展不平衡现象日益严重。为了缩小和逐步消除欧盟内部地区差距给整体发展带来的制约，欧盟制定并实施了地区发展计划。从1994年开始，对11个落后国家和地区，提供输血性与开发性相结合的援助，经过多年的努力，缩小了欧盟内部地区差距，增强了内部团结与凝聚力，原来的落后国家和地区不仅经济普遍得到提升，而且有的成为高科技产业新的中心和龙头，从而提高了欧盟整体经济效益与全球竞争力，使欧盟整体一度发展势头十分强劲。近几年随着欧盟新成员的增加，出现了新的地区差距扩大，欧盟面临新的挑战，如不能妥善解决，其整体发展就会受到拖累。

加拿大、澳大利亚是幅员辽阔的两个发达的大国，人口少而资源丰富，但也很重视区域的协调发展。加拿大的经济主要集中在安大略和魁北克两省，西部和大西洋沿岸各省经济相对落后。1987年加拿大联邦政府开始实施西部经济多元化发展计划，作为国民经济发展新战略的前提，成立专门机构，统筹协调，实施一系列积极的扶持措施，推动西部省份的经济起飞，从而推动了整个国民经济发展，增强了国家的综合实力。澳大利亚发达地区集中于东部、西南部沿海城市，大都市人口占绝对比重，90%的人口居住在2.6%的国土上。不发达地区实质是指乡村地区、边远地区和闭塞海岛，约占50%的国土，只有0.3%的居民。尽管如此，澳大利亚政府仍然非常关注这些不发达地区，制定了全方位的、详尽的发展计划，涉及八大领域，包括：家庭福利、医疗保健、教育、信息通讯、交通运输基础设施、经济和商业发展、乡村社区建设、环境保护。目标是缩小地区之间的经济差距，确保不发达地区有平等机会分享国民经济的繁荣。

## 二

当今世界关注正在崛起的四个大国是：中国、印度、俄罗斯、巴西。美国有的研究部门将这四国的英文译名开头字母拼接在一起，称之为BRIC（“金砖四国”）现象。这四国虽有许多不同之处，但经济都处在快速发展中，都面临如何认识和解决区域经济发展不平衡和贫富差距在扩大的问题。

印度的发展速度仅次于我国，经济成果令世界瞩目。但区域失衡、贫富差距严重。美国国际先驱导报说，印度贫富差距拉大正成为社会的顽疾。印度10.5亿人口中有80%以上生活在“牛车经济”中，连自行车都买不起；另有15%的人生活在“两轮车经济”中；只有2%的人生活在“飞机经济”中，他们独占了印度经济“奇迹”的成果。印度南北差距达到6:1，城乡差距高达60:1，占总人口65%的农民整体上被改革完全忽略。印度政府决心要在20年内消灭贫困，将印度变成一个繁荣、没有贫困、健康和发达的国家。

俄罗斯的问题可以追溯到前苏联。前苏联落后地区主要在东部、西伯利亚、远东、中亚。苏联自1928年制定第一个五年计划时，即已提出这些地区的开发，但真正大规模开发主要在两个时期。一是卫国战争时期的工业和人口大转移，使东部地区成为卫国战争时期苏联军用品的主要生产地。虽然这次大搬迁是迫于战争需要的不得已之举，但为东部地区的发展打下了良好的基础。战后，东部地区作为全国能源、有色金属基地的地位逐步形成。二是赫鲁晓夫担任苏共总书记后，决定东部大开发，以党的名义号召全国青年向荒地进军，一哄而上，掀起了苏联历史上有名的"开垦处女地运动"。由于选择优先发展农业不符合当地的自然地理条件和环境，结果不仅粮食生产上不去，脆弱的生态环境遭到严重破坏。1964年赫鲁晓夫下台，苏共承认这个时期农业政策有错误，开垦运动得以停止。1991年苏联解体后，俄罗斯东部地区范围已大大缩小。自1992年俄罗斯向市场经济转轨以来，各地区之间、城乡之间的贫富分化程度日益加深。俄出现了少数人暴富，同时农村75.6%的居民收入处于最低生活标准线以下，城市居民中也有大约50%的居民的收入低于最低生活标准线。最困难的是远东地区，东部其他地区相对稳定。

巴西经济起飞较早，20世纪60年代和70年代经济持续高速发展，经济成就令世人赞叹，被誉为"巴西奇迹"。但是80年代、90年代发展停滞，近几年逐步回升。造成停滞有多种原因，其中最突出的一个问题就是贫富两极分化。巴西东南方发达，北、西部落后的现象久已存在。为改变这一状况，巴西政府先后形成几大战略构想并逐步付诸实践。其中包括在60年代将首都从发达的东部城市里约热内卢，搬迁到西部边远的新建的城市巴西利亚。还包括在北部、西部落后地区建设了许多大型的工程，进行了一系列的开发，这些都有助于促进区域协调发展，缩小区域间的贫富差距。巴西的贫富两极分化更突出地表现在人群的分化方面。巴西城市增长很快，城市人口已经占总人口80%，大部分贫苦人口已生活在城市，原因是城市失业和半失业人口比例很高，而农村贫困人口还在不断地涌入城市。城市少数富人财富高度集中，而城市的贫困阶层逐步形成一个很大的社会群体，一些城市的贫民窟成了犯罪分子的“根据地”，警察追捕罪犯，贫民甚至群起与之武装对抗。贫富差距的扩大成为社会不安和经济持续发展的巨大制约，是国家持续进步的极大障碍。

2000年11月这些埃及年轻女大学生见到中国客人很高兴，我们一起谈笑风生：“你喜欢金字塔吗？”“喜欢。”“中国的长城和埃及金字塔哪个更伟大？”“都很伟大。”“听说修建长城的那个王朝寿命最短，为什么？”“历史的经验证明，一个王朝的兴衰，不在围墙的高大，而在民心的背向。”

## 三

以上对几个发达国家大国和发展中国家大国的区域协调发展的简要叙述，我们可以受到一些有益的启示：

1. 实施区域协调发展，一部分人、一部分地区先富起来，先富带后富，这是世界各大国发展经历的共同过程。发达地区与落后地区发展的落差不可过大，先富与后富的人群在时间的差距上不可太久。世界上凡是发展成功的国家，在开发落后地区上决策及时、措施得力，确保了经济社会的持续、快速、健康发展，在国际上取得了领先地位。凡是忽视了落后地区的发展，或者发展延误了时间，就会拖累整个国家经济社会发展的进程，甚至前功尽弃。大国能否成为强国，区域经济协调发展是一个重要的标志。

2. 实施区域协调发展是一个很长的过程，因此需要有连续性，美国用了150年，日本用了130年。前苏联开发落后地区缺乏连续性，因此开发没有取得重大的成功和突破。巴西政府频繁更迭，每一任总统关心的重点又各不相同，而不少工程浩大，往往需要多年才能完成，因此有的工程出现虎头蛇尾，没有达到预期目标。协调发展不是一劳永逸的，即使是发达国家，也还会产生新的失衡问题，还要有新的协调发展。法国发生的社会骚乱，范围之广、持续时间之长，令人吃惊，使法国政府不得不提出要关注和解决新的社会贫困阶层的问题。美国的飓风暴露出那里的贫困阶层也令世人触目惊心。

3. 实施区域协调发展规划必须有科学性。前苏联建设中亚过程中许多违背科学规律的掠夺性开发导致土地荒漠化、水资源污染等严重的生态破坏问题。其中最典型的是造成世界第四大内陆湖咸海的干枯，成为中亚社会经济发展的隐患。巴西在开发北、中、西部的过程中也有一些教训值得吸取。巴西亚马孙大公路几乎完全是在原始热带雨林中穿过，沿线首先要开70米宽的空地，林木砍伐无数，加上其他的无序开发和移民，使500万平方公里的森林被毁12%，造成严重的生态破坏。巴西政府对涉及全球生态的森林保护不力，遭到世界环保组织的批评和警告。

4. 实施区域协调发展是一个极其复杂的工程，其成功要靠政府的决策、民众的支持、企业的参与。世界大国正反两方面的经验都说明，政府的正确决策是成功的关键和前提，民众广泛支持是必不可少的基础，企业积极参与是重要的动力。只有在全社会共识的基础上，大家才会自觉地接受区域协调发展过程的先后次序安排；才会理解它的长期性，既有紧迫感，又不操之过急；才会在建设过程中，自觉尊重科学发展观，努力实现人与自然、人与人的和谐发展。

未来20年将是我国落实科学发展观，实施全面协调可持续发展的重要时期，我们不仅要面对发达国家的先发优势问题，也面临与新崛起的大国的竞争问题。他山之石可以攻玉。我们在认真总结自己发展的宝贵经验时，积极吸取他人的经验，一定会创立中国科学发展的成功模式。

（注：1999年中国提出西部大开发的战略决策。全国政协外事委员会成立专门研究小组，我作为研究小组的组长，与小组成员共同研究世界各国经济发展不平衡问题，并提出意见和建议。）

# 我们所能看到的和不能看到的

人贵有自知之明，国家亦如此。缺乏自知不仅表现为看不清自身的不足，往往使人难以提升，更可惜的是看不到自身的优势，失去本可大有作为的前程。作为国家，看不清挑战固然会陷于盲目乐观，而如果看不清自身潜在的宝藏和能量，则会失去发展的先机，把创造奇迹的机会拱手让给了强者。可见知人重要，知己更可贵！

中国西部研究与发展促进会，是一个以促进西部研究与发展为目标的社会组织，在中央确定西部大开发的战略决策后，邀请我参加他们的领导工作。我和一批熟悉西部的同志在一起，对中国西部作了一些调查研究工作，并将有关国际经验提供给西部。

我们对西部的发展有一些重要思考，现在可能还没有引起有关方面的充分注意，但终有一天会成为重大问题提上议事日程。

以青藏高原为例，这是到现在为止人类保留的唯一一块历来有人居住而又最为纯净的土地，是地球上保留最完整的基因库，是中国生物科学工程发展的未来，雪山、冰川是巨大的固体淡水内海和宝库。

我们只要看一看当前世界正在发生的情况，就不难理解它的意义。现在在北极和南极正在发生大国的争夺，由于俄罗斯在北极的海底插旗，提出了领土要求，由于英国在南极也提出了领土要求，现在世界上大国正在展开一场其后果很难预料的争夺。除了争夺领土以外，就是自然资源，包括能源、矿物。可以肯定，他们的争夺绝非仅仅为了这类资源，可能有更深远的考虑。这场争夺是一种危险的预兆，它提醒我们：青藏高原是何等的宝贵。

欧美人的战略思考是超前的，他们现在不仅在南极北极展开激烈的竞争，在海洋、在公海的海底、在遥远的太空也展开着激烈的竞争。现在在海底发现了一种新的能源，叫做可燃冰，形态是一种坚硬的冰块，但实际上是可燃的物质，储量很大。美国的火箭今天已经不限于对月球、金星、火星、木星进行探测，美国的火箭正在飞出太阳系，对银河系的外星系进行科学考察。

我确信，我们国内一些我们自己还没有认识到的东西，西方可能正在进行考察研究。包括中国喀斯特地区的资源，青藏高原资源，估计西方不可能没有看到。

现在美国、欧洲、日本都非常注视着中国的西部。几年前我在云南迪庆赴玉龙雪山途中边远的山村休息，遇到七八个住在那里的外国人，他们说是来旅游考察东巴文化的，已经在那里呆了三个多月，还准备继续呆下去。当然考察东巴文化也不是不可能，但是我想他们绝不仅仅是考察东巴文化。那么他们究竟是做什么的呢？

现在西方人到我们喜马拉雅山去攀登的越来越多，除了体育运动，像这样的攀登必然带有科学考察的性质。不少美国人、欧洲人、日本人喜欢到我们的西部，特别是喀斯特地形地貌地区去探索。西方大国一些扶贫活动多选择喀斯特地区和青藏高原地区。西方人到中国西部安家落户的也不少见。从正面的意义上来讲，开放的中国、开放的西部当然应当欢迎他们，这些都是好事。但是，事物都具有两面性，有明面也有暗面，有些复杂的事物按常规常理是难以看透的，我们千万不要忘记西方一个家喻户晓的谚语：“世上绝没有免费的午餐。”

现在我们已经大体可以看清大国的竞争趋势，一个在海洋（包括南极北极），一个在太空已经拉开了序幕。再一个我们要高度注意的就是世界一些还没有开发的地区，现在已经不多了，剩下来的这些地方，尤其像中国的喀斯特地区和青藏高原地区必定是大国垂涎的另一个重点。因为生物工程是未来科技竞争的前沿阵地，谁掌握的基因多，谁在生物工程技术上就攀登得更高，谁就取得科技领先地位。

中国的喀斯特地区占世界60%以上，生物多样性的许多特殊物种都在这里。青藏高原冰川地区，保存着人类未知的许多生物基因。这些无可估量的资源财富，是世界独一无二的，是任何别的地区无可代替的。

秘鲁友人伦栋和夫人安娜·玛丽亚，从世界青联时期就是中国的朋友，一直延续至今。他们在中国有许多朋友，同我也有近30年的交情。2004年3月22日，在中联部拉美局和礼宾局同志的陪同下，到我家做客，他感慨地说：“今天真高兴，这一辈子终于能见到一个中国同志的家里面是什么样！”

所以，作为中国人，我们在搞好外交的同时，也要不断地去了解自身，与自己成为最好的朋友，这才是大国崛起的真正源头。正如一个人，与他人成为朋友，固然可以扩大自己的交往，给自己的发展提供更多的机会。但只有全面了解自己，懂得与自己和谐的相处，我们才能真正成为命运的主人。

外交心語

# 跋

就在本书即将出版的时候，我参加了一个外事活动，回来写了一篇感想，我的朋友年轻作家沈思源看了，给我回信说：“深深为外交官所付出的不为常人所知的努力而感动，也为外交官在国与国之间所起到的桥梁作用而深深赞叹!”她建议我将这篇短文补充到《外交心语》一书中作为前言，认为“一定能将读者带入到一个感同身受的境界!”

我想了想，并同出版社编辑丁云商量，因整书的编排已经完成，系以此文为《跋》，以表对所有从事外交工作的同事们的互慰之情。题《时间》，文如下：

黄志良是我大学的老师，在纪念中古建交50周年的大会上，他在台上演讲，以亲身经历回顾1960年9月2日，见证卡斯特罗宣布古巴和中国建交的情景。

那时古巴革命刚胜利，首都革命广场一百万人隆重集会，卡斯特罗发表激情演说，通过了著名的《第二个哈瓦那宣言》。随后，卡斯特罗提议，断绝同台湾蒋介石集团的外交关系，建立同中华人民共和国的外交关系，他问："大家同意吗？"百万群众欢声雷动，一齐举起双手高呼："同意！同意！同意！"这一天就这样被记载为中古建交的日子。

古巴成为新中国在西半球第一个建交的国家，而且是世界上唯一以这种独特方式建交的国家。黄志良当时是中国贸易代表团的翻译，站立的位置离卡斯特罗只有五六米，心情激动可想而知！

中古建交后，他留在了古巴，从此为促进两国的经贸合作和国家关系的发展而尽心尽力。后来他成为职业外交官，在许多拉丁美洲国家服务，一直做到一秘、参赞、大使，把毕生献给了外交事业。他一生中经历了许多难忘的时刻，而最令他惊奇的是，2007年当他再次踏上久别的古巴土地时，他发现他在古巴工作的儿子，居然住在他当年的同一间屋子！他感慨万分地说，古巴绮丽的自然风光照样迷人，古巴人的革命精神照样炽热，而中古友谊照样代代相传，我的一家就是最好的见证！

他的演讲博得了中古双方全体与会者的经久不息的掌声！

我的老师的经历其实是许多外界官的共同经历，中国今天能够朋友满天下，与几代外交官的传承，不懈努力密切相关。中国的外交官，特别在早期，工作和生活环境相当艰苦，生活补贴很少，吃的穿的用的都靠分配，除了保证生活几乎没有余钱，尤其是耽误了对父母的照料和对子女的关心，留下了诸多遗憾，但大家都不计较这些，而以为国奉献为荣。

我的一家也是这样，我虽然不曾常驻国外，但也长年奔波在世界各地，给家里增添许多担忧，家庭负担只能留给夫人，连我母亲去世都没能赶上送别。我的夫人也常驻过国外，家里的事只能靠孩子的外婆，外婆也去世，外公自己都难自立，便只能靠请的老妈帮忙，老妈毕竟是外人，又没有文化，除了做饭洗衣，孩子的教育只能靠学校，课余靠孩子自己。我的孩子学习还算自觉，品德和成绩还能跟上。不少外交官的孩子因为缺少父母的及时帮助，而成为问题儿童，有的留下疾患，有的甚至沦为罪犯。

如今我的女儿也成了外交官，她在秘鲁使馆工作，而我和她妈妈当年也在秘鲁使馆工作、生活。而秘鲁是我去过最多的国家之一，我女儿今天的朋友曾经也是我或她妈妈的朋友。我的女婿也是外交官，他不能同时出国，只好留在国内照顾女儿，就这样他们三口人分两处，互相思念，女儿思念妈妈，夜晚做梦都呼喊妈妈，妈妈思念女儿在半夜打开网上通话，好在现代通讯发达，多少增加一点亲情的交流，不至于像她小时见到妈妈感到那么陌生。

俗话说“三年不走动，是亲也不亲”。国和国之间，其实同人和人之间一样，友谊就是靠代代相传，代代奉献。没有外交官的日夜不停，穿梭于世界各国各地，我们在世界上哪有这么多朋友，哪有这么宽松的国际环境？外交工作者不只有享受鲜花美酒的欢乐，他们也失去许多常人所有的用于体现亲情和爱情最宝贵的东西：时间！

# 附录

# 中联部几任拉美局局长谈《外交心语》

**李　扬：**

我读了两遍，很亲切，很欣赏，很有读头。有的事我也亲身经历过。这是作者大半生的工作经历，也是我党对拉美工作的一部历史。它对作者、对中联部都是一分宝贵财富。这是一本教科书，它不仅告诉人们党的对外工作的核心是做人的工作，是交朋友，而且还给人们一把钥匙，告诉你怎么去做。这本书又集政策性、可读性之大成。

相信这本书的出版，会在外交界，当然首先在中联部，引起广泛反响、共鸣、赞赏。

**刘培根：**

看了书稿，很感动。奥运会期间我作为志愿者和一些大使在一起工作，有的人说："中联部没有存在的必要，应当撤消！"这本书的出版，会帮助外界更好地了解中联部和党的对外工作。特别可以帮助中联部年轻干部了解中联部，更知道做好党的外事工作应当具备什么样的素质。

**李连甫：**

书稿内容很好，很丰富，反映党的对外工作特别在拉丁美洲的开展，广度、深度、高度都够了，文笔生动，知识性、故事性、趣味性很强，一定会受到读者欢迎。

**王　华：**

我很荣幸有机会先睹《外交心语》，倍感亲切、倍受教育。字里行间，饱含着作者对拉美大陆和加勒比海地区真挚的感情和深深的眷恋。20多年的辛勤耕耘，北至墨西哥，南至智利、阿根廷，还有一大片加勒比海国家，到处都留下了作者为中拉关系、政党交往、人民友谊而不辞辛劳、往来奔波的匆匆脚步，同时也留下了一大批认知中国、了解中共、对华友好、为增进中拉政治互信、促进党和国家关系发展的挚友。

《外交心语》承载着默默耕耘拉美、甘于奉献的几代中联部人的一部历史，字里行间，一幅幅秀丽的拉美风光，一个个生动交往轶事，一次次富有成效的友好访问，一场场令人难以忘怀的会见，宛如浩瀚的中拉友谊之海中朵朵绽放的绚丽浪花。

《外交心语》还是一部深入浅出的教科书，它告诉我们何为党的外交事业，如何做人的工作，怎样化解彼此矛盾，如何增进互相了解。

在中联部成立60周年前夕，我热切地期盼《外交心语》的出版发行。我坚信《外交心语》必将为中国共产党的外交事业全面协调可持续发展发挥积极促进作用。

**康学同：**

拜读了您的书稿《外交心语》，获益匪浅。您丰富的涉外工作经验，特别是交朋之道、如何向外国人解说中国，以及关于中国历史、文化、核心价值观的故事，是对外工作的教材，对我们今后工作有非常强的现实指导意义。盼该书早日出版。

# 用心智诠释政党外交的真谛

## ——读李北海新著《外交心语》有感

孔根红

在中共中央对外联络部建部60周年之际，李北海同志精心回顾思考了他长期从事政党外交的实践、经验与体会，出版了《外交心语》这部很不寻常的著作。说很不寻常，是因为这不是一般意义上的外交回忆录，而是通过讲述一个个典型的案例、鲜活的故事，诠释出政党外交的真谛。更重要的是，通过这些感人的故事，透视出一种深邃的智慧。《外交心语》，贵在一个“心”字上，“人之相知，贵在知心”，外交是“争取人心的艺术”。诚如作者所言，政党外交，主要是交朋友；党的对外工作，就是播种友谊。但怎样交朋友，怎样播种友谊，作者认为：“交友如浇花，浇花浇在根上，交友交在心上”。交朋友“法无定法”：面对不同信仰、不同性格、不同爱好、不同学识的政党朋友，只有因人而异。但有一点是共同的，交朋友要“以诚交友，以情动人”。

当代美国著名外交家、国际问题专家基辛格认为，外交既要讲“国家利益”（national interests），又带有“感情色彩”（sentimental）。《外交心语》将二者统一到一个全新的境界，给我们很多深远的启示。

北海同志是我十分尊敬的领导。我曾几次有幸参加过他主持会谈的外事活动，我欣赏他凡事周密为要，镇定自若，平易深沉的风格。他同外宾的谈话，都是外宾想要了解的，并善于用外宾听得懂、听得进、听得有味的语言与方式，富有智慧地回答对方的关切。北海同志长期从事党的对外工作，从1959年10月开始进入中共中央对外联络部，历任东南美洲组副组长、巴西组组长，拉美局副局长、局长，中联部副秘书长、秘书长、副部长。北海同志是新时期我党对外工作的参与者、实践者、见证者之一，他参与和见证了我们党的对外工作的许多重大活动，特别是中古两党关系的恢复和重建，中国共产党对拉美政党工作的调整与开拓，对拉美未建交国政党工作的先期开展，通过政党外交促进国家关系和人民友好，为改善党和国家的国际环境进行了艰苦探索和不断的进取与创新。

40多年政党外交生涯，丰富的外交阅历，用心做事的坚守，以人为本的外交风格，原则性与灵活性的策略结合，广博学识与善于行动的外交智慧，《外交心语》娓娓解读出政党外交的内涵、特征、本质、深义与作用。

政党外交是“政治家外交”。现代政治是政党政治。世界不同国家的政党领袖,是一定阶级、阶层或政治集团的代表,掌握着重要的政治权力,是政治决策的制定者,政治系统的组织者和协调者。正如作者在书中所言:“各个政党高层领导都是社会精英,文韬武略,有权有势的人物”。而政党或政党领袖人物之间的活动和相互关系又是国际关系的重要内容。政党领袖、政治家和领袖人物是我党对外工作的主体。北海同志或随我党领导人出访,或率中联部代表团出访,或接待来访,结识并深交了包括拉美地区在内的许多外国党和国家领导人,他们当中既有当权派,又有政治新秀,既有政治元老,又有年轻政治家,既有建交国政要,又有未建国领导人。这些领导人,是我党对外工作的宝贵财富,他们在协调国家相互关系、推动国家关系发展和丰富国家关系内涵等方面发挥着独特的作用。如:《不一样的卡斯特罗》和《相逢一笑泯恩仇》两节中,记述了作者参与中古两党关系的恢复、两党关系正常化之后多次陪同我党领导人出访古巴的情况,特别是作者生动描述了古巴领导人菲德尔·卡斯特罗和劳尔·卡斯特罗对中国党和国家的深厚感情,以及对推动中古关系所发挥的重要作用。《阴暗的天空有明星》一节,记述了一个“当世界其他地区的政党对中国采取极端或片面的对抗态度时”,通过“政治家外交”成功打破僵局、消除误解的成功案例:北京“政治风波”不久,发生了东欧剧变、苏联解体事件,中国党和国家领导人,由于受西方所谓“制裁”,一时走不出国门。1991年5月,巴西执政党议会党团领袖、总统科洛尔的朋友内伊参议员访华,通过在中国的所见所闻,他发出了强有力的正义之声:“任何人都没有资格批评中国!”在受到江泽民总书记会见时，他胸有成竹地代表科洛尔总统向江泽民总书记发出访问巴西的邀请。由于我党在拉美地区政党关系中，有一批“全天候”朋友，阿根廷梅内姆总统也向江泽民总书记发出邀请，科洛尔同梅内姆共同推动了北京“政治风波”后，江泽民对拉美的访问。

政党外交是“全方位外交”。中国共产党的对外关系，从交往对象、内容、方式都是广泛的。从交往对象看，既有社会主义国家、发达国家、周边国家、发展中国家、新兴国家的各类政党和全球性、地区性政党，又有建交国执政党、参政党、合法在野党和未建交国不同类型的政党；从交往内容看，既有政治交流，又有经贸合作，既有治国理政研讨，又有经济文化交流；从交往形式看，既有高层互访，又有政治家对话、大国大党机制化交流；既有参观访问，又有经贸考察。在《朋友永远交不完》一节中，有记者问作者，您交了多少朋友？作者说：拉美33个国家，可以说是个政党博物馆。作者在负责拉美政党工作时期，其政党主要有四大系统，即社会民主党、基督教民主党、民族主义政党和共产主义政党。拉美不同政治制度，不同意识形态，不同经济发展水平的国家，各类政党派系林立，思潮迭起，合纵连横，频繁交替，处于高频率变动状态。作者在领导岗位时，不辞劳苦，穿梭拉美大地，差不多走遍了所有拉美国家，推动了我党同拉美近90个政党建立了友好关系，几乎涵盖了所有我国建交的和尚未建交国家的主要政党，包括执政的、在野的、轮流执政的、信仰不同和意识形态各异的重要政党。这些政党是中拉关系友好的、现实的和潜在的重要力量，对保证中拉关系多层次合作和可持续发展具有不可替代的作用。

政党外交是“基础性外交”。中国共产党的对外工作以促进、推动、巩固和发展国家关系为着眼点，发挥自身优势，立足当前，着眼长远，做基础性、积累性工作。对友好国家，通过政党关系巩固和加强国家之间的传统友谊；对有分歧和争端的国家，通过政党关系增信释疑；对多党制国家，通过与朝野各党关系，为国家关系的可持续发展创造条件；对未建交国，通过政党关系，为国家关系正常化创造条件。作者在书中写道：“世界各国的政治游戏，其载体主要是形形色色的党派。今天你上台，明天我上台。我们要想稳定同各国的国家关系，就必须同各色各样的党派打交道，说到底就是交朋友，朋友越多越好，友情越深越好，要做到不论国际国内形势发生什么变化，国家关系能够一直保持稳定”。《感动一座城》、《他成了中国人民的真诚朋友》和《天涯访友》等章节，生动地记载了作者先后访问玻利维亚，特别是突破重重困难，访问洪都拉斯、尼加拉瓜和多米尼克联邦等拉美未建交国的情况。党的对外工作，深入到拉美一些未建交国，培养了大量“知华”、“友华”人士，为国家关系的正常化奠定了一定基础，创造了良好条件。

政党外交是“预防性外交”：在台湾、西藏、新疆、人权等涉我主权和我国核心利益等重大问题上，发挥政党外交灵活多样的优势，通过政党关系积极主动做说服工作，扩大共识，化解分歧，争取支持，促进相关国家对我政策立场的理解。当国家关系出现暂时困难，通过政党关系进行沟通，化解矛盾，求同存异，寻求共识，加强互信，促进了我同有关国家关系的健康发展。《情深虑远》一节，给我们讲述了一个生动的加勒比海岛国的故事。该岛国尚未同我国建交，作者考虑种种因素，将人名地名全部虚化。岛国有一位黑人领袖G氏，是一个重要政党的主席，也是该系统政党国际的副主席和拉美地区的主席，享有良好的国际声誉。1987年10月，G氏首次来到他“久仰的中国”访问，在十天的活动中，访问了中国很多地方，加深了对中国的了解，称赞世界上没有哪个国家有中国的活力。时任国家主席李先念会见了他，他说自己的国家不同中国建交是“历史性的错误”。1989年北京“政治风波”后，G氏所属的政党国际欧洲本部，曾积极酝酿发表联合声明，要公开谴责中国。当时拉美对中国的信息非常混乱，我们党向G氏和拉美地区的一些成员党的领导去信，说明真相，请他们向国际做工作。后来，果然取得了积极成效，该国际的所谓声明最终没有发表。

政党外交是“公共外交”。政党外交的特点与优势之一是“人脉联络”，“柔性外交”，深交朋友，思想沟通，感情交流，以人为本和做人的工作。随着我们党和国家与外部世界相互认知的深化，如何向国际社会全面解说一个真实的中国和中国共产党，回应国际社会的关切，成为党的对外工作一项富有挑战性的工作。在这方面，《外交心语》给了我们许多成功的启示。比如：面对外国人最关心的问题，要直接面对，不要简单应付，要选好切入点，以外国人易于接受的方式，动之以情，晓之以理，使对方信服；面对挑战性问题，要沉着冷静，进退有度，不要一味防守，要适度反击，要善于通过讲故事，通过事实有说服力地对话；面对不友好、甚至敌意的问题，要坚持原则，争取化敌为友，“化对抗为和解”；若对话陷于胶着状态，要设法摆脱纠缠，友好收场；在回答对方带有偏见的问题时，要避虚就实，不要跌入对方的陷阱，不要让对方牵着鼻子走；有些问题从一个角度不易使对方理解，要变换角度，会产生柳暗花明之效；有的外国朋友提东问西，想了解的实际在问题之外，需弄清问题的本意，方能指东答西，有的放矢；同大众对话，要懂得当地人的心理，以心会心，达到心心相印的效果；要善于发现对方的优点，真诚赞扬对方，学习对方优点，借鉴他人的智慧，使自己不断获得进步。《外交心语》一书，内容涉及政治、经济、外交、军事、民族、种族、宗教、哲学、文学、艺术、教育、卫生、体育、语言、饮食、服饰、建筑、礼仪等话题，显示出作者广博的学识，是一本很有价值的解读“公共外交”的经典著作。

**2010年11月11日**

# 后记

《外交心语》书稿从2009年7月开始动手，到2010年1月完稿，主要凭我的记忆，偶尔查查笔记，没有查阅档案。

由于跨越20多年时间和几十个国家，在我脑海中翻阅昔日的影像时，不时出现画面的重叠、错位和遗漏。我力求整理得有条有理，但仍恐有所闪失。

我切身体会到我们中华民族的祖先创造的汉字极其丰富优美，但由于个人的修养不够，要想描绘脑中的情景和内心的激荡，还是难以如愿以偿。许多难忘的精彩影像仍然不能充分体现于文字，完满地展现给读者。对此我深感遗憾。

我要深深感激我的妻子和儿女们。在那些公务繁忙的岁月里，我常常疏忽了对他们的关怀。而他们以永恒的爱心温暖着我，成就了我的事业。

我要特别感激好友沈思源。是这位充满善良和智慧的年轻作家，激励我重新拾起早已放下的笔，书写宛如浩瀚之海的外交故事。她还精心为我看稿改稿，以优雅的文笔和深邃的思维，给文稿增光添彩，给读者更美好的文学享受。

我要感激当代世界出版社总编辑孔根红博士和责任编辑丁云，他们以杰出的眼光和优异的专业知识，使本书更趋标准和完美。感激孔根红博士对我书稿的评论，他那热情洋溢的文章已作为附录载入我的书中。

我要感激中联部拉美局几任局长李扬、刘培根、李连甫、王华、康学同为我看稿改稿，给我提出很好的意见和建议。他们是我不同时期的合作者，是本书故事的参与者。我感谢他们过去的协作，也感谢他们现在的帮助。他们的美意良言已作为附录载入我的书中。

我要感激拉美局几代人在这个本是陌生的遥远地区，披荆斩棘，开拓进取。他们对我的帮助和支持永远难忘。我的书中所述，不过是拉美局几代人辛勤工作巨幅画卷中的若干片段，是我们共同经历的点点滴滴。我衷心赞颂他们奉献出的汗水、智慧和青春年华，为今日政党外交在拉美地区的灿烂辉煌打下了良好的基础。

我要感激我的朋友谭荣根为我题写英文书名和翻译英文目录。

我要感谢书法家陈树谦为我题写书名和在本书写作过程中对我的诸多帮助。

我要感谢所有帮助和关心我写作的同志和朋友们！

本书故事中，有的人名地名虚拟化或使用代号、别称，都是出自良好的动机，尽量避免给任何朋友带来不便。如果还有某些考虑不到之处，使某位朋友感到不快，那不会是作者有意为之，恳请对作者无意疏忽予以谅解包含。我将感激不尽。

谨以作家沈思源的名言“感谢出现在我生命中的每一位朋友”，作为本书的圆满句号。

**李北海**

**2010年1月25日**

# Contents

**Volume Ⅱ**



**Volume Ⅲ**



**Volume Ⅳ**